Spiritualität

Themenhefte Religion

Herausgegeben von Roland Biewald und Bärbel Husmann

Heft 11

Spiritualität

Impulse zur Reflexion religiöser Praxis im Religionsunterricht

Herausgegeben von Bärbel Husmann
und Roland Biewald

EVANGELISCHE VERLAGSANSTALT
Leipzig

Bibliografische Information der Deutschen Nationalbibliothek
Die Deutsche Nationalbibliothek verzeichnet diese Publikation in der
Deutschen Nationalbibliografie; detaillierte bibliografische Daten
sind im Internet über http://dnb.dnb.de abrufbar.

© 2013 by Evangelische Verlagsanstalt GmbH · Leipzig
Printed in Germany · H 7647

Das Buch wurde auf alterungsbeständigem Papier gedruckt.

Cover: Zacharias Bähring, Leipzig
Coverbild: © Zacharias Bähring
Layout und Satz: Steffi Glauche, Leipzig
Druck und Binden: Druckhaus Köthen GmbH

ISBN 978-3-374-03257-0
www.eva-leipzig.de

Inhalt

A Spiritualität – ein weites Feld. Grundlegende Überlegungen

Peter Zimmerling

Seit einiger Zeit lässt sich in unserer Gesellschaft ein neues Interesse an Spiritualität erkennen.[1] Manche sprechen sogar von einem »Megatrend Spiritualität«,[2] ohne dass bisher Einigkeit darüber besteht, in welchem Verhältnis dieser Trend zur fortschreitenden Entkirchlichung und Säkularisierung steht. Die folgenden Ausführungen wollen die unübersichtliche Situation aus theologischer Sicht beleuchten, wobei ich diese als lutherischer Theologe primär in evangelischer Perspektive wahrnehme. Meine Überlegungen setzen mit einer Begriffsdefinition ein. Es folgen zwei exemplarische Einblicke in die Grundlagen evangelischer und katholischer Spiritualität. Im Anschluss daran wird das weite Feld spiritueller Erscheinungsformen heute abgeschritten. Dann sollen Kriterien christlicher Spiritualität entfaltet werden. Ein Ausblick benennt Entwicklungspotenziale zukünftiger Spiritualität.

Zum Begriff »Spiritualität«

Der Begriff »Spiritualität« ist ein Containerbegriff. Er hat etwas merkwürdig Unbestimmtes an sich.[3] Wer ihn verwendet, sollte deshalb sagen, was er darunter versteht. Ursprünglich stammt er aus der katholischen Ordenstheologie Frankreichs.[4] Vom protestantischen Begriff »Frömmigkeit« unterscheidet er sich dadurch, dass er im Gegensatz zu diesem nicht bloß Frömmigkeitsübung und Lebensgestaltung meint, sondern beides mit dem Glauben verbindet. Von evangelischen Theologen wurde anfangs auf seine theologische Problematik aufmerksam gemacht: Dem Begriff wohne eine Tendenz zur Abschwächung der Botschaft von der Rechtfertigung

allein aus Gnaden inne, weil durch ihn die Praxis des Glaubens und damit das menschliche Handeln leicht in den Vordergrund gerate.[5] Trotz dieser Bedenken begann seit der 5. Vollversammlung des Ökumenischen Rates der Kirchen in Nairobi 1975 der unaufhaltsame Siegeszug des Begriffs »Spiritualität« auch im Raum der evangelischen Kirchen. Im Schlusskommuniqué der Vollversammlung hieß es: »Wir sehnen uns nach einer neuen Spiritualität, die unser Planen, Denken und Handeln durchdringt.«[6] Damit war der Boden bereitet für die Verknüpfung des bis dahin in der ökumenischen Bewegung vorherrschenden politischen Engagements mit dem Streben nach Erneuerung der Spiritualität. In Deutschland wurde der Begriff durch die Ende der 1970er Jahre erschienene EKD-Studie »Evangelische Spiritualität« kirchlich anerkannt.[7] Mit ihr vollzog die evangelische Kirche einen Paradigmenwechsel: Sie nahm das Problem der Spiritualität als eine für das Christsein in der modernen Welt wesentliche Fragestellung auf.

Der Begriff »Spiritualität« besitzt gegenüber »Frömmigkeit«, »Religiosität« und »Glaube« verschiedene Vorteile: Er ist im Bereich der gesamten Ökumene verständlich; er verweist auf eine Vielzahl und Vielfalt von Spiritualitäten;[8] er bringt das in der abendländischen Theologie lange ungenügend berücksichtigte Wirken des Geistes neu zu Bewusstsein;[9] der Aspekt der Gestaltwerdung macht deutlich, dass die soziale Dimension zum Glauben untrennbar dazugehört. Last not least spricht für die Verwendung des Begriffs »Spiritualität«, dass er im Gegensatz zu den traditionellen Begriffen »Frömmigkeit«, »Religiosität« und »Glaube« für junge und ältere Menschen, auch für solche, die dem christlichen Glauben

[1] Eine ausführliche Form der folgenden Überlegungen habe ich vorgetragen in: Peter Zimmerling, Evangelische Spiritualität. Wurzeln und Zugänge, 2. Auflage, Göttingen 2010.

[2] Paul M. Zulehner, Megatrend Religion, in: Die Stimmen der Zeit, 2003, 87–96.

[3] Hans-Martin Barth z. B. stellt im Hinblick auf den Begriff »Spiritualität« fest: »In der einschlägigen Literatur wird allenthalben beklagt, der Begriff […] habe etwas Schillerndes« (ders., Spiritualität [Bensheimer Hefte 74, Ökumenische Studienhefte 2], 11).

[4] Vgl. hier und im Folgenden a. a. O., 10ff.

[5] Vgl. dazu: Evangelische Spiritualität. Überlegungen und Anstöße zu einer Neuorientierung, vorgelegt von einer Arbeitsgruppe der Evangelischen Kirche in Deutschland, hg. von der Kirchenkanzlei im Auftrag des Rates der Evangelischen Kirche in Deutschland, 2. Auflage, Gütersloh 1980, 11; Barth, Spiritualität, 14.

[6] Harald Krüger/Walter Müller-Römheld

fern stehen, einen positiven Klang besitzt. Während viele Menschen in einer postchristlichen Gesellschaft meinen, mit dem altbekannten Christentum fertig zu sein, weist der Begriff »Spiritualität« auf Unbekanntes. Gerade seine Vagheit macht neugierig, verlockt dazu, sich mit den damit bezeichneten Phänomenen näher zu beschäftigen.

Ich verstehe im Folgenden unter Spiritualität den äußere Gestalt gewinnenden gelebten Glauben,[10] wobei der Begriff drei Aspekte, nämlich rechtfertigenden Glauben, Frömmigkeitsübung und Lebensgestaltung miteinander verbindet. Evangelische, d. h. vom Evangelium geprägte Spiritualität wird dabei durch den Rechtfertigungsglauben sowohl motiviert als auch begrenzt: Einerseits befreit die Erfahrung der Rechtfertigung allein aus Gnaden (sola gratia) dazu, den Glauben in immer neuen Formen einzuüben und in der alltäglichen Lebensgestaltung zu bewähren, andererseits bewahrt sie davor, das eigene spirituelle und ethische Streben zu überschätzen.

Exemplarische Einblicke in die Grundlagen evangelischer und katholischer Spiritualität

Charakteristika reformatorischer Spiritualität

Reformatorische Spiritualität zeichnet sich durch eine doppelte Bewegung aus, die sich zugleich als gegenläufig darstellt. Einmal verläuft diese Bewegung in Richtung auf Konzentration, zum anderen in Richtung auf Grenzüberschreitung, wobei beide Bewegungen von Jesus Christus her begründet werden.

Schon das »solus Christus« (allein Christus) der reformatorischen Spiritualität zeigt, dass sie in einem im Vergleich mit der übrigen Kirchen- und Theologiegeschichte außergewöhnlichen Maße auf Jesus Christus ausgerichtet ist. Das wird besonders an Martin Luther deutlich: Zeit seines Lebens bleibt seine Spiritualität zunächst und vor allem von der persönlichen Gegenwart des auferstandenen Jesus von Nazareth geprägt. In ihm ist Gott dem Menschen unüberbietbar nahe gekommen. Darum ist das Grunddatum lutherischer Spiritualität

die Inkarnation, die Geburt des Sohnes Gottes als Kind in der Krippe von Bethlehem, die an Weihnachten gefeiert wird. In ihm zeigt Gott dem Menschen sein liebendes Angesicht. Martin Luther ist der erste neuzeitliche »Weihnachts-Christ«. Reformatorische Spiritualität ist zweitens Bibelfrömmigkeit (sola scriptura). Luther gewann durch das Studium der Schrift sein neues Verständnis des Evangeliums. Daraus schloss er, dass jeder Mensch selbstständig aus der Bibel den Willen Gottes für sein Leben erfahren kann, wodurch der Glaube des Einzelnen unabhängig von kirchlichen Vermittlungsinstanzen wird. Reformatorische Spiritualität ist drittens von der Konzentration auf die Rechtfertigung »sola gratia« (allein aus Gnaden) geprägt. Luther entdeckte neu, dass Gottes Gerechtigkeit nicht als dessen – unerfüllbare – Forderung an den Menschen zu verstehen ist, sondern Gottes aus freier Gnade gewährtes Geschenk ist. Viertens ist reformatorische Spiritualität durch eine Konzentration auf den individuellen Glauben bestimmt (sola fide). Das reformatorische Glaubensverständnis zeichnet sich durch einen vorher höchstens in der Mystik gekannten Gewissheits-, Intensitäts- und Subjektivitätsgrad aus. Inhaltlich ist Glauben als ein Sich-Halten an den gekreuzigten und auferstandenen Jesus Christus zu verstehen.

Die grenzüberschreitende Bewegung reformatorischer Spiritualität zeigt sich in doppelter Hinsicht. Sie ist demokratisch, also eine Spiritualität für jedermann und jedefrau, indem sie die Spiritualität aus der Usurpation durch religiöse Eliten befreit. Die Freiheitsgeschichte des modernen Europa ist ohne diesen Vorgang nicht denkbar. Sie ist alltagsverträglich, indem sie die Grenzen zwischen Sonntag und Alltag und damit zwischen heilig und profan relativiert. Die Alltagsverträglichkeit reformatorischer Spiritualität wird konkret in der Betonung von Familie, Beruf und Gesellschaft als deren Verwirklichungsfelder. Voraussetzung dafür ist die Erkenntnis, dass Christus selbst mir im Nächsten begegnet. »Wo kannst du ihn aber finden denn in deinem Bruder?«[11] Glaube wird gelebt, wenn Menschen einander zum Christus werden. Dadurch wird sowohl der Einsatz für das Wohl des Nächsten in der Fa-

(Hg.), Bericht aus Nairobi 1975. Ergebnisse, Erlebnisse, Ereignisse. Offizieller Bericht der Fünften Vollversammlung des Ökumenischen Rates der Kirchen. 23. Nov. bis 10. Dez. 1975 in Nairobi/Kenia, 2. Auflage, Frankfurt a. M. 1976, 1, hier wird »spirituality« noch mit »Frömmigkeit« übersetzt; anders bereits 321 ff, dem Bericht über den Workshop »Spiritualität«.

[7] Evangelische Spiritualität, 54.

[8] Erwin Fahlbusch u. a., Art. Spiritualität, in: Evangelisches Kirchenlexikon, hg. von ders. u. a., 3. Auflage, Bd. 4, Göttingen 1996, 402–419; Karl-Friedrich Wiggermann, Art. Spiritualität, in: TRE, Bd. 31, Berlin/New York, 708–717.

[9] Vgl. dazu im Einzelnen Peter Zimmerling, Charismatische Bewegungen, Göttingen 2009, 29–33.

[10] Ich knüpfe hier an die Definition der EKD-Studie an: Evangelische Spiritualität, 12.

[11] WA 15, 488, 30, zit. nach Paul Althaus, Die Theologie Martin Luthers, Gütersloh 1962, 274.

milie als auch in der Gesellschaft zum Dienst für Christus, zum Gottesdienst.

Ignatianische Exerzitien als zentrale Form römisch-katholischer Spiritualität

Die Einzelexerzitien, die auf den Gründer des Jesuitenordens Ignatius von Loyola (1491–1556) zurückgehen, sind bis heute das spirituelle Kraftreservoir der katholischen Kirche. Sie werden von vielen Priestern, Ordensleuten und engagierten Laien regelmäßig absolviert. Standen früher die »Vortragsexerzitien« im Vordergrund, sind es seit der Mitte des 20. Jahrhunderts wieder die begleiteten Einzelexerzitien, in denen jeder Exerzitant für sich persönlich spirituelle Erfahrungen machen kann. Dadurch soll eine Vertiefung des persönlichen Glaubens und eine Veränderung des Lebens zur größeren Ehre Gottes erreicht werden.

Den Ignatianischen Exerzitien liegt das Werkbuch des Ignatius für Exerzitienbegleiter »Geistliche Übungen« zugrunde.[12] In dem zwischen 1522–35 entstandenen Buch hat Ignatius persönliche spirituelle Erfahrungen und seine aufgrund geistlicher Begleitung gewonnenen Erkenntnisse zusammengefasst. Die Exerzitien können von drei Tagen bis vier Wochen dauern. Bewährt hat sich ein Zeitraum von acht Tagen. Der Exerzitant verbringt die ganze Zeit in der Stille, ohne mit anderen zu reden, betet bzw. meditiert täglich mehrere Stunden. Die Zeit zwischen den Gebets- und Meditationszeiten dienen der Erholung und dürfen nicht mit anderen Beschäftigungen gefüllt werden. Zu den Einzelexerzitien gehört ein ungefähr halb- bzw. dreiviertelstündiges Gespräch pro Tag, in dem der Exerzitant dem Begleiter Einblick in seine Erfahrungen gewährt. Das ermöglicht dem Exerzitienbegleiter, inhaltliche und methodische Hinweise für den nächsten Tag zu geben. Die Gruppe der anderen Exerzitanten bleibt – soweit vorhanden – im Hintergrund.

Eine Voraussetzung, um an Einzelexerzitien teilnehmen zu können, ist ein geregeltes persönliches spirituelles Leben, wozu Erfahrungen mit Gebet und Meditation gehören. Eine weitere Bedingung ist eine normale psychische Belastbarkeit. Den Einzelexerzitien geht ein Vorgespräch zwischen Exerzitant und Exerzitienbegleiter voraus, das der Klärung dient, ob zwischen ihnen ein Vertrauensverhältnis entstehen kann.

Eine Reihe von Gründen macht Exerzitien auch heute noch zu einer hilfreichen spirituellen Übung. Angesichts zunehmender Individualisierung ist der Exerzitienbegleiter eine Hilfe zur Entwicklung der eigenen Spiritualität. Er weist einerseits Züge eines Seelsorgers, andererseits – mehr noch – die eines Coachs auf. Er soll sich nach dem Willen des Ignatius nicht als Wegweiser, sondern als Wegbegleiter verstehen. Ziel ist, »dass der Schöpfer und Herr sich selbst seiner [des Exerzitanten] Seele mitteilt« (ExB 15). Damit ist zum einen dem modernen Bedürfnis nach persönlicher Freiheit Rechnung getragen, zum anderen entspricht das tägliche Gesprächsangebot des Exerzitienbegleiters der zunehmenden Sehnsucht nach persönlich-seelsorglicher Aussprache. Positiv ist auch, dass der Exerzitant während der Exerzitien ganzheitlich angesprochen wird. Einerseits soll er in den Meditationszeiten über sein bisheriges Leben nachdenken. Andererseits geht es darum, biblische Texte zu imaginieren, also nicht bloß mit dem Verstand zu erfassen. Es geht darum, den Affekten, der Emotionalität und der Körperlichkeit Raum zu geben und ihnen nachzuspüren. Der Exerzitant soll auf diese Weise Zugang zu einer erfahrungsbezogenen Spiritualität finden. Auch das Ziel der Exerzitien, zur Verhaltensänderung anzuleiten, zeigt, dass es sich um spirituelle Übungen handelt, die den Menschen in seiner Ganzheit ansprechen wollen.

Im Rahmen der evangelischen Spiritualität gab es lange Zeit kein Angebot, das den Exerzitien entsprochen hätte. Dadurch fehlte der evangelischen Tradition ein wichtiges spirituelles Hilfsmittel. Seit einigen Jahren sind Exerzitien auch von evangelischen Christen entdeckt worden.[13] Inzwischen bieten z. B. Kommunitäten evangelische Exerzitien an. Es gibt in einigen Landeskirchen sogar Weiterbildungsangebote für Seelsorger zum »geistlichen Begleiter«.

12 Ignatius von Loyola, Geistliche Übungen, aus dem Span. übertr., mit Erkl. von Adolf Haas, Freiburg/Basel/Wien 1999. Die folgenden Nachweise im Text beziehen sich auf dieses Buch.

13 Vgl. hier und im Folgenden Gerhard Münderlein, Aspekte therapeutischer Methoden in den Exerzitien, in: ders. (Hg.), Aufmerksame Wege. Erfahrungen evangelischer Christen mit den Exerzitien des Ignatius von Loyola, München 1999, 115–129.

Zur spirituellen Situation heute[14]

Zwischen »Megatrend Spiritualität« und Zunahme der Konfessionslosigkeit

Die spirituelle Situation stellt sich in Deutschland regional, aber auch milieu- und altersspezifisch sehr unterschiedlich dar. Auf der einen Seite ereignet sich eine spirituelle und religiöse Renaissance. Sie zeigt sich vor allem im Bereich der Esoterik, des Fundamentalismus und der Charismatik. Dazu kommt ein zunehmendes Interesse an fernöstlichen Religionen und die immer deutlichere Präsenz des Islam in unserer Gesellschaft. Während es Ende der 1960er Jahre ungefähr 60 000 türkische Muslime in Westdeutschland gab, sind es heute etwa 2,7 Millionen. Darüber hinaus ereignet sich seit einigen Jahren eine »Dispersion des Religiösen«[15] vor allem im Bereich des Konsums und der Freizeitkultur. Im Zusammenhang mit der Werbung tauchen religiöse Elemente an Orten auf, wo man sie nicht vermutet hätte. »Eternity« – Ewigkeit nennt Calvin Klein sein Parfum. Ikonengleich schaut ein Paar auf dem dazugehörenden Werbeplakat auf den Betrachter. Das Versprechen, durch den Genuss eines Produktes – wie Zigaretten – besondere Sinnerlebnisse machen zu können, weckt religiöse Assoziationen. Produkte werden zu Garanten von Lebensgewissheiten und -wahrheiten. Der Filmpalast wird zum Kultkino, das Rockkonzert zum Ort, wo Ekstasen erlebt und Idole verehrt werden. Zu Kunstausstellungen werden Massenwallfahrten unternommen, wie in früheren Zeiten zu den Gnadenbildern und Reliquien der Kirche.

Auf der anderen Seite lässt sich ein zunehmender Entkirchlichungs- und Entchristlichungsprozess beobachten, für den es in anderen Weltgegenden keine Parallelen gibt. Der amerikanische Religionssoziologe Peter L. Berger spricht von West- und Mitteleuropa als einem »Katastrophengebiet für die Kirche«.[16] Ein anhaltender Säkularisierungsprozess hat zu einem weitgehenden Bedeutungsverlust des traditionellen kirchlichen Christentums geführt. »Vielleicht zum ersten Mal in der Geschichte haben religiöse Legitimationen der Welt ihre Plausibilität nicht nur für eine Handvoll Intellektueller und anderer gesellschaftlicher Randfiguren verloren, sondern für die breiten Massen ganzer Gesellschaften.«[17] Das gilt in besonderem Maße für die neuen Bundesländer, aber auch für die großstädtische jüngere und gebildete Bevölkerung in Deutschland insgesamt.

Weihnachtsspiritualität

Volkskirchliche Spiritualität ist Weihnachtsspiritualität.[18] Das belegen prozentual steigende Gottesdienstteilnehmerzahlen an Heiligabend (zwischen 25 und 30 % der evangelischen Kirchenmitglieder). Der Wochenrhythmus des Kirchgangs hat sich für die meisten Kirchenmitglieder zum Jahresrhythmus hin verschoben. Viele Heiligabend-Kirchgänger bezeichnen sich von ihrem Selbstverständnis her als regelmäßige Kirchgänger. Kein anderes Fest wird im Jahresablauf so ausgiebig gefeiert wie Weihnachten. Die Adventszeit wird mehr und mehr als Vorweihnachtszeit und immer weniger als Bußzeit verstanden. Die Vorbereitung auf das Fest ist inzwischen genauso wichtig geworden wie das Fest selbst. Dazu gehört vor allem die Pflege des Advents- und Weihnachtsbrauchtums, aber auch der Kauf der Geschenke. Der Besuch des Weihnachtsmarkts erlaubt die Rückkehr in das Land der Kindheit, wo das Leben noch jung und unbeschwert war. An Heiligabend soll das Kind in der Krippe die Sehnsüchte nach dem lang verlorenen Kinderland erfüllen.

In gesellschaftlicher Hinsicht zeigt sich die Bedeutung des Weihnachtsfests daran, dass eine Reihe von Wirtschaftszweigen ohne das Weihnachtsgeschäft zum Niedergang verurteilt wäre. Empirische Untersuchungen belegen, dass sich das Wissen um den spirituellen Gehalt des Weihnachtsfests umgekehrt proportional zu seiner wirtschaftlichen Bedeutung verhält: Während immer weniger Menschen den spirituellen Grund des Weihnachtsfestes kennen und ihn allein an Liebe und Mitmenschlichkeit festmachen,[19] boomen die im Zusammenhang mit dem Weihnachtsfest stehenden Wirtschaftszweige.

[14] Vgl. dazu im Einzelnen: Panorama der neuen Religiosität. Sinnsuche und Heilsversprechen zu Beginn des 21. Jahrhunderts, hg. von Reinhard Hempelmann u. a., Gütersloh 2005.

[15] Michael N. Ebertz, Erosion der Gnadenanstalt? Zum Wandel der Sozialgestalt der Kirche, Frankfurt am Main 1998, 155 ff.

[16] Peter L. Berger, An die Stelle von Gewissheiten sind Meinungen getreten, in: Frankfurter Allgemeine Zeitung, 7. 5. 1998, 14; vgl. auch Wolfgang Huber, Kirche in der Zeitenwende. Gesellschaftlicher Wandel und Erneuerung der Kirche, 2. Auflage, Gütersloh 1999, 223 ff.

[17] Peter L. Berger, zit. nach: Gottfried Küenzlen, Das Unbehagen an der Moderne. Der kulturelle und gesellschaftliche Hintergrund der New-Age-Bewegung, in: Hansjörg Hemminger, Die Rückkehr der Zauberer. New Age – Eine Kritik (Rororo-Sachbuch, 8712), Reinbek bei Hamburg 1990, 192.

[18] Matthias Morgenroth, Weihnachtschristentum. Moderner Religiosität auf der Spur, 2. Auflage, Gütersloh 2003; ders., Heiligabend-Religion. Von unserer Sehnsucht nach Weihnachten, München 2003.

Fundamentalistisch und charismatisch geprägte christliche Spiritualität

In den vergangenen Jahrzehnten hat fundamentalistisch und charismatisch geprägte christliche Spiritualität deutlich an Vitalität gewonnen. Der moderne religiöse *Fundamentalismus* stellt eine hoch organisierte, in den Glaubensbeständen festgelegte und auf abrufbares objektives Heilswissen angelegte Form gegenwärtiger Spiritualität dar.[20] Fundamentalistische Gruppen bieten ihren Mitgliedern »die Sicherheit und Geborgenheit einer auf festgefügter, verbindlicher Autorität ruhenden Glaubensgemeinschaft«.[21] Eine herausragende fundamentalistische Sicherungsinstanz stellt neben dem Glauben an ein irrtumsloses Heilswissen und neben der festen Gruppenzugehörigkeit die allseits anerkannte Führungspersönlichkeit dar. Charismatische Bewegungen verbinden klare theologische Wahrheitsansprüche auf der intellektuellen Ebene mit starken Erlebnisangeboten auf der persönlichen Ebene. Gerade diese Verbindung scheint der Grund zu sein, warum sich neben fundamentalistischen auch charismatische Gruppen wachsender Beliebtheit erfreuen.[22]

Agnostische Spiritualität

Eine Studie der Leipziger Kultursoziologin Monika Wohlrab-Sahr zur Thematik »Generationenwandel als religiöser Wandel. Das Beispiel Ostdeutschlands«[23] legt den Schluss nahe, dass sich in der jüngsten Generation in Ostdeutschland, bei den 19–29-Jährigen, derzeit ein Prozess partieller Desäkularisierung andeutet. Er vollzieht sich auf der individuellen Glaubensebene. Ansatzpunkt sind dabei Aussagen zum Leben nach dem Tod bzw. zu okkulten Phänomenen.[24] Monika Wohlrab-Sahr spricht in diesem Zusammenhang von der Zunahme einer Form von agnostischer Spiritualität. Sie nimmt damit die Tatsache auf, dass viele derjenigen, die mit einem Leben nach dem Tod rechnen, deswegen nicht gleichzeitig an Gott glauben. Die jungen Erwachsenen kombinieren sehr verschiedene Traditionen und mediale Einflüsse: Wiedergeburt und Nahtod-Erfahrung, Energieerhaltung und Matrix.

Dennoch lässt sich diese Form von Spiritualität als Annäherung an die große Transzendenz eines Lebens nach dem Tode interpretieren, wobei die agnostische Spiritualität durchaus noch im Experimentierstadium zu stecken scheint.[25] Gleichzeitig ist damit eine kritische Distanz zu den Ansichten der atheistisch geprägten Elterngeneration impliziert.

Esoterische Spiritualität

Seit dem Ende der 1960er Jahre hat sich ein Markt der spirituellen Möglichkeiten gebildet. »Es ist vor allem die rasante Ausbreitung von Esoterik und Okkultismus, die unsere kulturelle Lage heute kennzeichnet … Astrologie in trivialen oder ›höheren‹ Formen, Psychokulte aller Art, Reinkarnationsglaube in vielen Spielarten, Reinkarnationstherapien, magisch-okkulte Praktiken, Hexenglaube, mythologisch sich begründender Feminismus, Faszination von östlicher Spiritualität und Mystik in unzähligen Facetten, indianische Mythen, Schamanismus, vor allem aber der Glaube an die Wendezeit zum ›New Age‹ …«[26] Die esoterisch geprägte Spiritualität bietet in einer vom Individualismus geprägten Gesellschaft »das Vergnügen, seine eigene Religion zu haben«.[27] Soziologisch sind diese Formen als »*vagabundierende Religiosität*« zu bezeichnen: Der Einzelne wählt sich seine Religion aus einem reichen Warenhausangebot an Sinndeutungsmustern frei aus.[28] Alle neu-religiösen Gruppen, Strömungen und Tendenzen verheißen dem Menschen eine sinnvolle Existenz, Orientierung und eine ganzheitliche Sicherung des Ichs. Die Vergewisserung geschieht dabei über das subjektive, emotional geprägte religiöse Erlebnis, und nicht mehr – wie im traditionellen Christentum – über ein verbindliches Glaubenswissen: Nicht Dogmen, sondern religiöse *Erlebnisse* bilden den Kern der esoterischen Spiritualität. Ort der religiösen Vergewisserung ist das Individuum, das die spirituellen Erfahrungen macht. Die Erlebnisse sehen sehr unterschiedlich aus: Es geht um Bewusstseinserweiterung, Selbsterfahrungen, Selbstverwirklichung, Psychedelik und kosmische Einheitserfahrung. In jedem Fall ist damit eine Privatisierung der Religion verbunden. Persön-

[19] Morgenroth, Weihnachtschristentum, 27–30 (mit Belegen).

[20] Gottfried Küenzlen, Kirche und die geistigen Strömungen der Zeit. Grundaufgaben heutiger Apologetik, in: EZW-Texte, Impulse Nr. 39, IX/1994, 19.

[21] A. a. O.

[22] Hansjörg Hemminger, Religiöses Erlebnis, religiöse Erfahrung, religiöse Wahrheit. Überlegungen zur charismatischen Bewegung, zum Fundamentalismus und zur New-Age-Religiosität, EZW-Texte, Impulse Nr. 36, VI/1993, 7.

[23] Monika Wohlrab-Sahr/Uta Karstein/Christine Schaumburg, »Ich würd' mir das offenlassen«. Agnostische Spiritualität als Annäherung an die »große Transzendenz« eines Lebens nach dem Tode, in: Zeitschrift für Religionssoziologie 13, 2005, 153–173.

[24] Vgl. hier und im Folgenden a. a. O., 156.

[25] Einen ähnlichen Befund lässt die Arbeit von Benjamin Roßner im Hinblick auf das Verhältnis junger Erwachsener aus Ostdeutschland zum Gottesdienst erkennen: Ders., Das Verhältnis junger Erwachsener zum Gottesdienst. Empirische Studien zur Situation in Ostdeutschland und Konsequenzen für das got-

tesdienstliche Handeln, Leipzig 2005, bes. 159ff.

[26] Küenzlen, Unbehagen, 204f.

[27] Barbara Frischmut, zit. nach: a. a. O., 215.

[28] Peter L. Berger, Pluralistische Angebote. Kirche auf dem Markt?, in: Leben im Angebot – Das Angebot des Lebens. Protestantische Orientierung in der modernen Welt, Synode der Evangelischen Kirche in Deutschland, im Auftrag des Rates der Evangelischen Kirche in Deutschland, hg. vom Kirchenamt der EKD, Gütersloh 1994, 33–48.

[29] Reinhold Seeberg, Lehrbuch der Dogmengeschichte, Bd. 2, 4. Auflage, Leipzig 1933, 145.

[30] Karlmann Beyschlag, Grundriss der Dogmengeschichte, Bd. 1 Gott und Welt (Grundriss 2), Darmstadt 1982, 274ff.

[31] Vgl. dazu Jürgen Moltmann, Kein Monotheismus gleicht dem anderen. Destruktion eines untauglichen Begriffs, in: Evangelische Theologie 62, 2002, 112–122.

[32] Vgl. dazu Albrecht Grözinger, Erzählen und Handeln. Studien zu einer trinitarischen Grundlegung der Praktischen Theologie, München 1989.

liche Erlebnisse lassen sich nämlich kaum, wie etwa Dogmen, für alle verbindlich erklären. Zudem lenkt die Ausrichtung auf persönliche Erlebnisse den Blick von der Gesellschaft weg auf den Einzelnen. Die esoterische Spiritualität entwickelte sich im Wesentlichen neben den Kirchen und an ihnen vorbei, auch wenn ein beachtlicher Teil ihrer Mitglieder auf diesem Gebiet Erfahrungen aufzuweisen hat.

Kriterien christlicher Spiritualität

Trinitarisches Gottesverständnis

Für die Betonung des trinitarischen Gottesverständnisses sprechen angesichts des heutigen religiösen Pluralismus mehrere Gründe. Die Trinitätslehre erlaubt, die gesamte Wirklichkeit auf ein und denselben Gott zu beziehen. Die Alte Kirche hat in diesem Zusammenhang die sogenannte Appropriationslehre entwickelt. Sie appropriiert den einzelnen Personen der Trinität verschiedene Dimensionen der Wirklichkeit: Dem Vater die Schöpfung, dem Sohn die Erlösung und dem Heiligen Geist die Heiligung. Wegen des altkirchlichen Grundsatzes »opera ad extra sunt indivisa« hat der Mensch es trotzdem überall – in Natur, Geschichte und eigener Existenz – mit ein und demselben trinitarischen Gott zu tun.[29] Die trinitarische Orientierung ermöglicht christlicher Spiritualität, alle Bereiche der Welt als Gottes Schöpfung wahrzunehmen. Auf der Basis dieser Erkenntnis wird es möglich, sämtliche Dimensionen des Menschen – Leib, Seele und Geist – in die Spiritualität zu integrieren.[30]

Ein radikal trinitarischer Ansatz der christlichen Gotteslehre ist auch die Voraussetzung dafür, Gott als Liebe identifizieren zu können. Es ist nur schwer begründbar, wieso ein einsamer Gott im Himmel ein liebender Gott sein soll. Wenn Gott aber in sich selbst bereits von Ewigkeit her liebende Gemeinschaft ist, lässt sich nachvollziehen, warum er auch in seiner Offenbarung in Jesus Christus ganz und gar Liebe und Anteilnahme ist.

Indem christliche Spiritualität von einem dezidiert gemeinschaftlichen Gottesbegriff aus-

geht, könnte auch der Dialog mit dem Judentum und dem Islam befruchtet werden. Denn nur von seinem speziellen christlichen Gottesverständnis her kann das Christentum ein eigenes Profil wahren und in den Dialog einbringen.[31]

Die trinitarische Orientierung christlicher Spiritualität ist angesichts fortschreitender Pluralisierungsprozesse in unserer Gesellschaft besonders geeignet, den christlichen Gottesgedanken denkerisch in der Postmoderne zu verantworten.[32] Da die bleibende Unterschiedenheit der göttlichen Personen im Rahmen der Trinitätslehre Voraussetzung für ihre Einheit ist, erlaubt sie, größte Verschiedenheit mit höchster Einheit zu verbinden. Überdies illustriert ein trinitarisches Gottesverständnis, dass die Andersartigkeit des anderen nicht Bedrohung, sondern Ergänzung und Bereicherung ist.

Der trinitarische Ansatz des christlichen Gottesbegriffs stellt schließlich eine wichtige Begründung für die sozialethische Dimension der Spiritualität dar. Die Trinität als Gemeinschaft sich liebender, gleichwertiger Personen ist der Zielhorizont, auf den hin gesellschaftliche Veränderungsprozesse Gestalt gewinnen sollten. Eine trinitarisch orientierte Spiritualität kann so zur Inspirationsquelle und Verpflichtung für die Umgestaltung der kirchlichen und gesellschaftlichen Verhältnisse in Richtung auf Gleichheit und Anteilhabe aller Menschen bei gleichzeitiger Pflege ihrer Unterschiede werden.

Die Bibel als Inspirationsquelle, Maßstab und Korrekturinstanz für Glaube und Leben

Der Ausgangspunkt der Reformation bestand in einem neuen Verständnis und Umgang mit der Bibel. Martin Luther verstand sie als »viva vox evangelii«, als lebendige Stimme des Evangeliums, durch die Gott unmittelbar zum Menschen redet. Von daher wird verständlich, dass reformatorische Theologie nicht primär wissenschaftlich-dogmatische oder wissenschaftlich-exegetische Theologie, sondern im Kern existenzielle und erfahrungsbezogene Theologie ist. Sie will den Menschen in seiner Personmitte ansprechen.

Durch die altprotestantische Verbalinspirationslehre und später in der Aufklärung durch die historisch-kritische Methode kam es zu einer Neuinterpretation des bibelorientierten Ansatzes der Reformation. Beide Male handelte es sich de facto um seine Infragestellung. Die altprotestantische Orthodoxie missverstand die Bibel als Steinbruch für dogmatische Sätze. Aus dem lebendigen Wort, durch das Gott den Menschen anspricht, wurde das für wahr zu haltende System theologischer Wahrheiten, abgesichert durch die Lehre von der Verbalinspiration. Die spätere historisch-kritische Methode untergrub ihrerseits – z. T. ungewollt – das Vertrauen in die Bibel als Anrede Gottes an den Menschen, indem sie ausschließlich deren Charakter als literarisches Produkt der Spätantike betonte und aus wissenschaftlichen Gründen von ihrem Anspruch als Urkunde des Redens Gottes zum Menschen absehen zu müssen meinte. Für den evangelischen Glauben hatte das auf Dauer fatale Konsequenzen: Entweder die Gemeindeglieder zogen sich auf einen Fundamentalismus zurück, der die Irrtumslosigkeit der Schrift rational zu beweisen suchte bzw. die Schrift zum Gesetzbuch für alle Lebenslagen machte. Andere hörten auf, die Bibel zu lesen, weil sie die wissenschaftlichen Methoden der Bibelexegese nicht ausreichend kannten und Angst hatten, bei der persönlichen Lektüre die biblischen Texte misszuverstehen. Eine dritte, derzeit größte Gruppe gab die Bibel als ernst zu nehmendes Gegenüber überhaupt auf.[33]

Rechtfertigung allein aus Gnaden

Zentrum des christlichen Glaubens ist die Erkenntnis von der voraussetzungslosen Annahme des Menschen durch Gott. Dass das reformatorische Rechtfertigungsverständnis sich auch ökumenisch durchgesetzt hat, ist spätestens seit der Unterzeichnung der »Gemeinsamen Erklärung« in Augsburg am 31. 10. 1999 nicht mehr zu leugnen. Bei der »Rechtfertigung allein aus Gnade um Christi willen durch den Glauben« (CVA 4) handelt es sich um den »Articulus stantis et cadentis Ecclesiae« (so erstmals bei Valentin Ernst Löscher 1673–1749. In der Sache geht die Formulierung auf Martin Luther selbst zurück). Christlicher Glaube muss an diesem Zentralpunkt reformatorischer Erkenntnis ansetzen und immer wieder zu ihm hinführen. Dass die Zentrierung des christlichen Glaubens auf die Rechtfertigung des Menschen durch Gott gerade in Zeiten des religiösen Pluralismus hochaktuell ist, zeigt sich nicht zuletzt an der Betonung der menschlichen Anstrengung in vielen spirituellen Angeboten heute.

Kein Glaube ohne Kirche und Gemeinde

So sehr Luther den Glauben des Einzelnen von klerikaler Bevormundung befreien wollte, intendierte er doch nie eine Spiritualität unabhängig von der christlichen Gemeinde. Das zeigt besonders schön seine Auslegung des 3. Glaubensartikels im Kleinen Katechismus. Die Stelle ist ein klassischer Beleg dafür, dass sich in Luthers Spiritualität der Einzelne und die Gemeinde komplementär zueinander verhalten: »Ich glaube, dass ich nicht aus eigener Vernunft noch Kraft an Jesus Christus, meinen Herrn, glauben oder zu ihm kommen kann; sondern der Heilige Geist hat mich durch das Evangelium berufen, mit seinen Gaben erleuchtet, im rechten Glauben geheiligt und erhalten; *gleichwie* er die *ganze Christenheit* auf Erden beruft, sammelt, erleuchtet, heiligt und bei Jesus Christus erhält im rechten einigen Glauben; *in welcher Christenheit* er mir und *allen Gläubigen* täglich alle Sünden reichlich vergibt und am Jüngsten Tage mich und *alle Toten* auferwecken wird und mir samt *allen Gläubigen* in Christus ein ewiges Leben geben wird.« Im Protestantismus herrscht dagegen heute weithin ein Frömmigkeitstypus vor, der von Individualismus, Subjektivismus und Innerlichkeit geprägt ist. Die Konsequenz der Ausblendung der Gemeinde aus dem Glauben ist eine entscheidungs- und profillose Spiritualität. Die neuzeitliche Denkfigur von Gott und der Einzelseele stellt jedoch eine Abstraktion dar. Das zeigt sich spätestens in dem Moment, wo Eltern den christlichen Glauben an ihre Kinder weitergeben wollen. Hier zeigt sich die Wichtigkeit von Religionsunterricht und Jugendkreis. Dringend nötig ist ein neues Bewusstsein, dass es christlichen Glauben nicht

[33] Ähnlich auch Gerhard Ruhbach, Theologie und Spiritualität. Beiträge zur Gestaltwerdung des christlichen Glaubens, Göttingen 1987, 126 f.

unabhängig von der Kirche gibt, sondern nur eingebunden in die »Gemeinschaft der Heiligen«, wie es im Apostolischen Glaubensbekenntnis heißt. Aus Hebr 12,1 stammt die Formulierung, dass jeder Christ umgeben ist von einer »Wolke von Zeugen«. Der christliche Glaube braucht die Kirche als Inspirationsraum, Korrekturinstanz und Bewährungsfeld.

Kontemplation und Aktion

Die Reformation hat neu ans Licht gebracht, dass sich der Glaube im Alltag zu bewähren hat und damit gegenüber der mittelalterlichen Spiritualität eine notwendige Korrektur vorgenommen. Dabei hat sie jedoch über der Nächstenliebe, dem Alltagsgottesdienst, nicht die Stille vor Gott, die Kontemplation, vergessen. Ausdrücklich empfahl Luther den Weg der Stille als einen Weg zu Gott: »Gleichwie die Sonne in einem stillen Wasser gut zu sehen ist und es kräftig erwärmt, kann sie in einem bewegten, rauschenden Wasser nicht deutlich gesehen werden. Darum, willst du auch erleuchtet und warm werden durch das Evangelium, so gehe hin, wo du still sein und das Bild dir tief ins Herz fassen kannst, da wirst du finden Wunder über Wunder.«[34] Das Leben aus der Stille bewahrt vor Kurzatmigkeit und verhindert, dass christliches Handeln zum Aktionismus verkommt. Damit befindet sich reformatorische Spiritualität im Einklang mit der Spiritualität Jesu. In deren Zentrum steht das sog. Doppelgebot der Liebe: »Jesus aber antwortete ihm: ›Du sollst den Herrn, deinen Gott, lieben von ganzem Herzen, von ganzer Seele und von ganzem Gemüt.‹ Dies ist das höchste und größte Gebot. Das andere aber ist dem gleich: ›Du sollst deinen Nächsten lieben wie dich selbst‹« (Mt 22,37–39). D. h. die Liebe zu Gott verliert ihre Bodenhaftung, wenn sie nicht mit der Liebe zum Mitmenschen verknüpft wird (vgl. dazu auch Jesu Aussagen in der Bergpredigt: Mt 5,21–26). Umgekehrt kühlt die Liebe zum Nächsten schnell ab, wenn sie nicht immer wieder aus der Quelle der Gottesliebe, d. h. der Liebe Gottes zu mir und meiner Liebe zu Gott, erneuert wird.[35] Kontemplation und Aktion, Gottesliebe und Nächstenliebe, Ewigkeitshorizont und Hinwendung zur Welt gehören in der christlichen Spiritualität unauflöslich zusammen.

Ausblick: Entwicklungspotenziale christlicher Spiritualität

Lange Zeit wurde die Bedeutung des Lernens durch Erfahrung unterschätzt. Ebenso wurde in der Spiritualität die emotionale und die sinnliche Seite des Glaubens zu wenig berücksichtigt. In Zukunft geht es darum, die Sehnsucht nach spirituellen Erfahrungen positiv aufzunehmen. Dabei ist Spiritualität nicht allein Sache von Verstand und Willen, sondern genauso Angelegenheit von Emotionalität und Sinnlichkeit! »Gerade die geistig beanspruchten Menschen suchen vielfach mehr als eine weitere intellektuelle Anstrengung in der Religion. Immer mehr Menschen wollen den Glauben nicht nur denken, sondern auch spüren.«[36] In der Informationsgesellschaft scheint sich das Interesse des Menschen vor allem auf das Erleben der eigenen Körperlichkeit zu konzentrieren. Die verstärkte Sehnsucht nach Selbstvergewisserung durch Selbsterfahrung wird auf dem Hintergrund einer permanenten Reizüberflutung verständlich. Ob (gerade auch junge) Menschen zum christlichen Glauben Zugang finden, entscheidet sich daran, ob ihre Leiblichkeit darin vorkommt.

Auch die Natur kommt in christlicher Spiritualität kaum vor. Dem steht heute die Offenheit vieler Menschen für Naturerfahrungen gegenüber. Eine Sehnsucht, die angesichts fortschreitender Überlagerung der Natur durch die technisierte Zivilisation in den Industrienationen und den damit verbundenen progressiven Erfahrungsverlusten nur zu verständlich ist. Wo eröffnet christliche Spiritualität Menschen die Chance, Gottes Schöpferkraft in der Natur wahrzunehmen und lässt die geschaffene Welt durchsichtig werden für die Realität Gottes? Das Pilgern, das in allen Konfessionen seit einigen Jahren eine Renaissance erlebt, stellt eine Möglichkeit dazu dar.

Im Protestantismus ließ sich lange Zeit eine regelrechte Phobie vor der Form beobach-

[34] Zit. nach Wolfgang Huber, Im Geist wandeln. Die evangelische Kirche braucht eine Erneuerung ihrer Frömmigkeitskultur, in: Zeitzeichen, Heft 7, 2002, 20.

[35] Vgl. hierzu im einzelnen Klaus Bockmühl, Das größte Gebot (Theologie und Dienst 21), Gießen/Basel 1980, 25ff.

[36] Michael Meyer-Blanck, Inszenierung des Evangeliums, Göttingen 1997, 133.

ten.[37] Die Angst vor der toten Form führte zur Ablehnung von festen Formen überhaupt.[38] Dem Mangel an spirituellen Formen stehen exegetische Beobachtungen, die Selbstverständlichkeit spiritueller Formen bei den Reformatoren und neuere humanwissenschaftliche Einsichten diametral entgegen. Angesichts der Pluralität spiritueller Angebote, aber auch des Lebens in einer Risikogesellschaft »[bedarf] die Bewahrung und Weitergabe von grundlegendem Orientierungswissen […] einer Absicherung durch Symbole und Riten.«[39] Mit dem früheren Erlanger Praktischen Theologen Manfred Seitz gesprochen: »Einen Glauben, der nicht gestaltet ist und bloß als gedacht und in Gedanken existiert, verweht der Wind.«[40]

[37] Christian Grethlein, Christliche Lebensformen – Spiritualität, in: Glaube und Lernen 6, 1991, 114.
[38] Vgl. z. B. Fulbert Steffensky, Was ist liturgische Authentizität, in: Pastoraltheologie 89, 2000, 105–116.
[39] Grethlein, Lebensformen, 115.
[40] Manfred Seitz, Art. Frömmigkeit II, in: TRE, Bd. 11, 676.

B Lässt sich Spiritualität lernen? Didaktische Leitlinien

Bärbel Husmann

41 Mirjam Scham-
beck: Mystagogisches
Lernen, in: Georg Hil-
ger, Stephan Leimgru-
ber und Hans-Georg
Ziebertz: Religionsdi-
daktik. Ein Leitfaden
für Studium, Ausbil-
dung und Beruf, Mün-
chen: Kösel 2001,
S. 373–384.
42 Ebd., S. 373.
43 Hans Mendl: Reli-
gion erleben. Ein Ar-
beitsbuch für den Reli-
gionsunterricht, Mün-
chen: Kösel 2008, S. 68.
44 Diese Definition
schränkt den Contai-
ner-Begriff »Spirituali-
tät« insofern ein, als
damit nicht einfach nur
»geistiges« oder »geist-
liches Leben« gemeint
ist. So etwa bei André
Comte-Sponville:
Woran glaubt ein
Atheist? Spiritualität
ohne Gott, Zürich
2008, S. 160 f: »Was ist
Spiritualität? Das Le-
ben des Geistes. Und
was ist Geist? (…) Wir
sind endliche, für das
Unendliche offene We-
sen, habe ich im zwei-
ten Kapitel geschrie-
ben. Und vergängliche,
für die Ewigkeit offene,
sowie relative, für das
Absolute offene We-
sen, möchte ich hinzu-
fügen. Dieses Offene –
das ist der Geist.«

Spirituelles Lernen – diese Begriffszusammenstellung ist ein wenig provokant, denn lässt sich »Spiritualität« überhaupt »lernen« und dann auch noch im schulischen Religionsunterricht statt in der kirchlichen Sonntagsschule? Oder ist mit spirituellem Lernen mystagogisches Lernen gemeint, wie es vor allem katholische Religionspädagoginnen und -pädagogen beschreiben?[41]

Was ist spirituelles Lernen?

In Abgrenzung zum mystagogischen Lernen geht es nicht darum, »Räume und Zeiten zu eröffnen, mit der Wirklichkeit Gottes Erfahrungen zu machen«[42]; es geht ebenso wenig darum, im Religionsunterricht »zum Vollzug einer ernsthaften Praxis ein[zuladen], deren subjektive Bedeutungszuweisung je verschieden ausfallen und deren nachhaltige Praktizierung selbstverständlich nicht vorgeschrieben werden kann.«[43] Evangelischerseits können wir hinter die Trennung von *Einübung* in religiöse Praxen und religiöser *Bildung*, die eine kognitive Sache ist, nicht zurück – so sehr zur Bildung auch die Herzensbildung gehört und so sehr man versucht sein mag, schulische Kontexte als Lückenfüller für nicht erfolgte religiöse Erziehung nutzen zu wollen.

Wenn wir mit Peter Zimmerling unter »Spiritualität« einen gelebten Glauben verstehen, der auch äußerlich Gestalt gewinnt, dann geht es beim Lernen in Sachen Spiritualität um diesen Zusammenhang zwischen inneren Glaubensüberzeugungen und den verschiedenen Arten und Weisen, wie diese Überzeugungen Gestalt gewinnen.[44] Es ist ein protestantisches Selbstmissverständnis, Glauben auf Glaubensüberzeugungen zu reduzieren und sich einzurichten in der vermeintlich einfachen konfessionellen Differenz, nach der der Katholizismus die Sinne und das Gefühl bediene und der Protestantismus den Verstand. Die Kirche ist nach evangelischem Verständnis die Gemeinschaft der Glaubenden; diese Gemeinschaft feiert ihren Glauben in Gottesdiensten und Kasualien, sie hat (typisch evangelische) Ausdrucksformen entwickelt, die dem Glauben des oder der Einzelnen und dem Glauben der Gemeinschaft eine äußere Gestalt geben.

In der Schule geht es also zuallererst einmal um das Kennenlernen, das Sich-Auseinandersetzen mit den Arten und Weisen, wie evangelische Glaubensüberzeugungen praktisch Gestalt gewinnen. Diese »praktische Seite« ist ein zentrales Feld jeder Religion – und in der Fremdreligionendidaktik gehören Kenntnisse in diesem Bereich ganz klar zum zu erwerbenden Kompetenzspektrum. Insofern gehört gelebtes Christentum evangelischer Christinnen und Christen unabdingbar zu den Lerngegenständen des Evangelischen Religionsunterrichtes. Im Unterschied zum Konfirmandenunterricht wird aber keine Partizipation angestrebt, sondern Partizipationskompetenz, also die Fähigkeit, an liturgischen Gestaltungen teilnehmen zu *können*, ohne sich wie auf einem anderen Stern zu fühlen wie die Fähigkeit, ressentimentfrei mit Menschen umgehen zu können, für die gelebte Religion wichtig ist.

Facetten evangelischer Spiritualität in didaktischer Perspektive

Was macht nun evangelische Spiritualität aus? Mit welchen Bereichen sollen Schülerinnen und Schüler sich im Religionsunterricht beschäftigen? Eine wesentliche Dimension evangelischer Spiritualität, das diakonische Handeln, wird in diesem Heft nicht bearbeitet, ihr ist ein vorangegangenes Themenheft gewidmet.[45] Ausgespart bleiben auch Kasualien, Sakramente und liturgische Stücke als Teile evangelischen Gottesdienstes.[46]

Der Schwerpunkt dieses Heftes liegt vielmehr auf vier Tätigkeiten, die in ihrer jeweiligen religiösen Dimension zur Sprache kommen und typisch bzw. wichtig geworden sind für evangelisches Christentum.

Singen

»Ein herausragendes Kennzeichen der Evangelischen ist, dass sie Lieder singen«, schreibt Konrad Klek.[47] Liedanschlagtafeln gehören zum Bild evangelischer Kirchenräume, Gesangbücher – nicht »Gebetbücher« – sind die Begleiter evangelischer Gottesdienst-Teilnehmender. Obgleich sich in den vergangenen Jahrzehnten die Singkultur massiv verändert hat (welche Kinder kennen noch gemeinsames Singen als Familienritual?), gibt es doch ein starkes Gespür für den Zusammenhang von christlichem Glauben und Gesang. Ein Gottesdienst, eine Hochzeit, eine Beerdigung ohne Lieder? Unvorstellbar. Nur sind neben die gesungenen Lieder die gehörten Lieder getreten, neben die traditionellen Gesangbuchlieder Kirchentagslieder, neues geistliches Liedgut, Lieder aus Taizé, Gospels.

Die evangelische Wertschätzung des Liedgesangs ist keine reformatorische Erfindung, sondern eine Rückbesinnung auf die Ursprünge des Christentums: »Schon in frühester Zeit gehörte das geistliche Lied zum Kernbestand des christlichen Kultes. Die ersten Gemeinden brachten ihr Gotteslob nicht nur in Gebet, Bekenntnis und Predigt zum Ausdruck, sondern ebenso mit Psalmgesang (Kol 3,16; Eph 5,18 f), »neuen Liedern« (Offb 5,8 f) und Hymnen (Kol 1,15–20; Phil 2,6–11).«[48]

Für den Religionsunterricht eignen sich Lieder – und das Singen! – deshalb, weil sich hier Ton und Text in einem Gesamtkunstwerk verbinden; anders gesagt: weil hier »Rezeptivität und Kreativität in Wechselwirkung treten«.[49] Deshalb ist es wichtig, nicht nur Liedtexte zu analysieren, sondern Lieder im Religionsunterricht zu singen. Der Text wirkt eben nicht als Text, sondern ist vom Erleben der Melodie und vom Erleben der eigenen Stimme in einem Gesamtklang vieler Singender nicht zu trennen. Wie hätte sonst ein so unsäglicher Text wie »Herr, deine Liebe ist wie Gras und Ufer« zu einem Schlager werden können, wenn nicht die Melodie, der Klang den Text »aufgehoben« hätte? Und wer kennt nicht die Liebe zu Bachs Kantaten und würde doch zugleich die sich in den Kantatentexten aussprechende Frömmigkeit des 18. Jahrhunderts ablehnen? Auch hier ist die Musik stärker als der Text.

Kinder in der 5./6. Klasse singen gern. Sie singen auch dann gern, wenn sie nicht aus einer singenden Familie kommen und nur wenige Lieder kennen. Sie freuen sich am Klang ihrer (noch) ungebrochenen Stimmen und haben in der Regel noch die Unbefangenheit, die es braucht, um etwas Neues zu probieren. Entscheidend ist eine Lehrkraft, die selbst gern singt und die selbst vorsingen mag.

Um auf diese Dimension der Selbsttätigkeit nicht zu verzichten, ist die Auseinandersetzung mit Singen als Dimension evangelischer Spiritualität für den Jahrgang 5/6 konzipiert worden.

Beten

Die Entscheidung, »Singen« dem Jahrgang 5/6 zuzuordnen, bedeutet zugleich, dass ein weiteres Kernthema evangelischer Spiritualität, das Beten, im Jahrgang 7/8 verortet ist. Beten als Sprechen mit Gott[50] lässt sich im Religionsunterricht (anders als im Konfirmandenunterricht!) nicht »einfach so« praktizieren, sondern nur in didaktisch gebrochenen Inszenierungen, bei denen die Lernenden vor Authentizitätszwängen geschützt werden, indem sie beispielsweise ein Gebet als Noah sprechen (also in einer Rolle, nicht als Person) oder indem sie ein Gebet als literarische Form verfassen, also Autor/Autorin sind und nicht Betende. Dass sich in diesen Rollen ebenfalls »authentische« Erfahrungen machen lassen, soll nicht bestritten werden, sie sind aber ein »Nebenprodukt«, das für die Religionslehrkraft ebenso erfreulich ist wie für

[45] Bärbel Husmann und Roland Biewald (Hg.): Diakonie. Praktische und theoretische Impulse für sozial-diakonisches Lernen im Religionsunterricht, Themenhefte Religion 8, Leipzig: Evangelische Verlagsanstalt 2010.

[46] Vgl. hierzu: Bärbel Husmann und Thomas Klie: Gestalteter Glaube. Liturgisches Lernen in Schule und Gemeinde, Göttingen: Vandenhoeck & Ruprecht 2005. Das Buch enthält keine ausgearbeiteten Unterrichtssequenzen, wohl aber kleine praktische Bausteine und Anregungen.

[47] Konrad Kleck: »Singen und Sagen« – Reformatorisches Singen als öffentlicher Protest, in: Peter Bubmann und Konrad Klek (Hg.): Davon ich singen und sagen will. Die Evangelischen und ihre Lieder, Leipzig: Evangelische Verlagsanstalt 2012, S. 11–26 (hier: S. 11).

[48] Husmann/Klie 2005 (Fußnote 46), S. 47.

[49] Ebd., S. 50.

[50] Grundlegend: Johann Hinrich Claussen: O Gott! Warum und wie wir beten oder auch nicht, Reihe Hanser/dtv 2008.

17

eine Deutschlehrkraft, wenn ein Schüler seine Liebe zu Kafka entdeckt oder eine Schülerin sich in einem Liebesgedicht von Christine Lavant wiederfindet. Herbeiführen kann man solches Sich-Wiederfinden, solche Lieben, solche Erfahrungen nicht. Und deshalb sollte man sie auch aus ausdrücklichen didaktischen Zielvorstellungen verbannen.

Beten ist gleichermaßen eine höchst individuelle religiöse Ausdrucksform (und vor allem in diesem Bereich typisch evangelisch) wie eine kollektive: »Nicht nur die Not lehrt beten, sondern auch der Gottesdienst.«[51]

Die Psalmen spielen in der evangelischen Liturgie eine besondere Rolle: Im lutherischen Gottesdienst gibt es innerhalb der Eingangsliturgie das Psalmgebet im Wechsel; im reformierten Gottesdienst steht am Anfang ein Lied aus dem Genfer Psalter. Beides hat Eingang gefunden in die Gesangbücher der entsprechenden Landeskirchen. Sie verbinden den Bereich Singen mit dem Bereich Beten, weil die musikalische Sprache der alttestamentlichen Psalmen nicht mehr vorliegt und wir die Psalmen in der Regel sprechen statt singen. Nicht alle Psalmen sind Gebete, manche Psalmen oder Teile von Psalmen sind eher Bekenntnistexte, anders gesagt: Hier mischen sich Doxologie und Hymnologie. »Der Herr ist mein Hirte …« ist eine Aussage, kein Gebet. Aber die Aussage geht in ein Gebet über: »Du bereitest vor mir einen Tisch im Angesicht meiner Feinde.« Auch in vielen gottesdienstlichen Fürbitt- und Eingangsgebeten findet sich diese Mischung aus Aussagesätzen und Anredesätzen.

Mit Siebt- und Achtklässlern, die zum Teil zeitgleich den Konfirmandenunterricht besuchen werden, ergibt sich bei diesem Thema die Chance, beide Formen der Auseinandersetzung mit dem Beten zu thematisieren: das Einüben, Praktizieren, Auswendiglernen und das Zurücktreten hinter sich selbst als betende Subjekte. Man kann sich von außen betrachten, sich in eine reflexive Distanz begeben und doch derselbe bleiben. Im Religionsunterricht sollte auch für Infragestellungen des Betens genügend Raum sein: Hilft Beten? Darf ich mich fallenlassen in überlieferte Formeln oder muss immer alles ganz und gar mit meinen eigenen Überzeugungen unterschreiben können? Dreizehnjährige gehen oft sehr kritisch mit Traditionen um, zugleich aber können sie die eigenen Ansprüche an »Wahrhaftigkeit« unter allen Umständen kaum selbst einlösen. Hier kann das Beten als ein Gespräch mit Gott von solchen Wirrnissen befreien. Wenn es Gott gibt, ist er größer als unser Herz (1 Joh 3,20). Wenn Schülerinnen und Schüler eine Ahnung von dieser Dimension des Betens bekommen, haben sie viel gelernt.

Hören – Lesen – Studieren

Typisch für die evangelische Spielart des Christseins ist der Umgang mit der Bibel. Seit der Reformation gehört die Bibel zu den grundlegenden Schätzen evangelischer Spiritualität. Der Umgang mit ihr lässt sich nicht reduzieren auf das Lesen und Hören von Gottes Wort in der eigenen Sprache, auf das Verstehen also, sondern hat auch die verschiedensten Gestaltungsformen gefunden: Viele evangelische Christen beginnen ihren Tag mit den Losungen. Sie bewahren sich die Vorstellung, dass ein Bibeltext auch ohne Auslegung durch eine Predigt und trotz des garstigen Grabens der Geschichte, die den Leser, die Hörerin von der Entstehungszeit des Textes und dem Erleben der Protagonisten des Textes trennt, der Text zu ihnen sprechen kann, mitten hinein in ihre jetzige Lebenssituation und Lebenserfahrung.

Es gibt gleiche Erfahrungen mit Gedichten: Wo überall wird und wurde nicht Hermann Hesses Gedichtzeile »Jedem Anfang wohnt ein Zauber inne, der uns beschützt und der uns hilft zu leben« zitiert? Wie viele Brautpaare haben die Worte Ruths zu ihrer Schwiegermutter als Trauspruch gewählt und sie in ihren eigenen Kontext transformiert? Wie viele Konfirmations- und Taufsprüche zeugen ebenfalls von solchen Transformationen? Es ist das Kennzeichen poetischer Texte und damit auch der poetischen Texte innerhalb der Bibel, dass sie keine Sachtexte sind, sich also verbinden lassen mit Lebenssituationen. Luther wie die Befreiungstheologen Lateinamerikas haben in der Bibel »ihre« Situation wie-

[51] Vgl. zum Folgenden Husmann/Klie 2005 (Fußnote 46), S. 63–77.

dererkannt, sich auf sie bezogen und daraus Kraft, Hoffnung und Veränderungswillen geschöpft. Methoden wie Bibliolog, Bibliodrama und biblisches Rollenspiel, ebenso viele Methoden im Bereich kreativen Schreibens, haben zum Ziel, Texte und Menschen zu verbinden, indem Leerstellen ausgefüllt werden und zur Identifikation angeregt wird.

Neben dieser Tradition gibt es im evangelischen Christentum, das ohne ein festes Lehramt die Bedeutung von Bibeltexten und die politischen und ethischen Konsequenzen daraus diskursiv aushandeln darf und muss, auch eine traditionell starke Stellung der exegetischen Fächer innerhalb der wissenschaftlichen Theologie. In der Praxis von Gemeinden schlägt sich das in Bibelgesprächskreisen, im besonderen Gewicht der Predigt und in einer sehr gründlichen Ausbildung evangelischer Pfarrerinnen und Pfarrer nieder. Es geht immer auch ums Verstehen!

Im Gottesdienst wird die Bibel laut gelesen (»ver-laut-bart«), gehört und ausgelegt. Psalmen werden gesprochen. In der individuell gelebten Spiritualität beziehen Menschen aus Bibeltexten ihre Motivation für ihr Handeln und finden in ihr die Grundlagen für ihr Wertesystem. Viele Christen leben mit ihren Konfirmationssprüchen; Konfirmandinnen und Konfirmanden ist es nie egal, welchen Spruch sie bekommen, oftmals wollen und dürfen sie sich ihn selbst aussuchen. Und für manche Christen entfalten biblische Geschichten in bestimmten Lebenssituationen eine Hoffnung stiftende Kraft.

Für den 9./10. Jahrgang stehen deshalb die tätigen Umfangsformen mit der Bibel im Vordergrund. Damit soll der Blick darauf gelenkt werden, dass Bibel etwas anderes ist als (Bibel-)Text.

Wege gehen

In der gymnasialen Oberstufe haben traditionell systematisch-theologische Fragestellungen einen hohen Stellenwert. Umso wichtiger sind Projekte, bei denen Erfahrungen gemacht werden können, die diskursiv reflektiert werden können. Das Pilgern ist im Gegensatz zu den anderen drei Bereichen kein

genuines Merkmal evangelischer Spiritualität. Im Gegenteil: Wie manch andere neuprotestantische Mode scheint es eine Adaption aus der vielfältigen katholischen Tradition zu sein. Man denke an die Perlen des Glaubens (Rosenkranz), an »geistliche Begleitung« (Exerzitien), an Neujahrssinger (Sternsinger). Gregorianik-Chöre haben in evangelischen Gottesdiensten Eingang gefunden, Grablichte stehen auf Gräbern evangelischer Verstorbener, Pastorinnen nehmen an Fronleichnamsprozessionen teil. In der katholischen Frömmigkeitspraxis gibt es zwei Arten des »Wege-Gehens«, die beide den Gedanken des wandernden Gottesvolkes aufnehmen: die Prozession und die Wallfahrt. Während die Prozession (von lat. *procedere* vorwärtsschreiten) den Akzent auf die Be-Gehung legt und auch im gottesdienstlichen Bereich ein Inszenierungsmuster darstellt, ist die Wallfahrt auf ein in der Regel fernes Ziel ausgerichtet. Der Weg ist keineswegs das Ziel, sondern der Weg ist ein Ereignis, bei dem der Prozess von Loslassen, Aufbrechen, Hinter-sich-Lassen, Sich-Nähern, Ankommen und Zusammenkommen individuell und gemeinschaftlich durchlebt und gestaltet wird. Das Ziel ist mit einer Verheißung (katholisch: auf Heilung, Ablass, Sündenvergebung) verbunden. Und die Bewegung des Pilgerns vollzieht sich zwischen diesem Aufbrechen und Ankommen. Für Protestanten kann das Pilgern keine »Leistung« im religiösen Sinne sein, wohl aber kann das erfahrbar werden, was das Pilgern vom Wandern unterscheidet: Das »Wesen der Wallfahrt ist ... eine Gebetsbewegung. (…) Nur wenn der Weg des Pilgers ein Weg zu Gott hin ist, kann der Mächtige sein Starker werden (Ps 84,6).«[52]

Nicht die »Wallfahrt«, wohl aber das »Pilgern« erfreut sich im protestantischen Bereich großer Beliebtheit.[53] Es gibt ausgewiesene Pilgerwege und spezielle Pfarrstellen, die mit der Betreuung von Pilgern betraut werden. Nicht zuletzt die Pilgerbücher von Prominenten haben das Pilgern als eine Form der inneren Besinnung mit offenem Ausgang populär gemacht. Unsere gegenwärtige Kultur ist mit all ihrer Beschleunigung, mit ihren Mobilitätsforderungen und mit der Gering-

52 Kees Waajman: Handbuch der Spiritualität. Formen, Grundlagen, Methoden, Bd. 1, Mainz: Matthias-Grünewald-Verlag 2004, S. 243.

53 Das hat keine inhaltlichen Gründe; vielmehr ist »Pilgern« (von lat. *peregrinus* fremd, ausländisch) konfessionell weniger besetzt als der Begriff »Wallfahrt«, der eindeutig im Bereich der katholischen Konfession beheimatet ist.

schätzung der Langsamkeit in Kontrast getreten zu einem Grundbedürfnis des Menschen,
nämlich der Vergewisserung, des Innehaltens
und der Sehnsucht nach Ruhe. Ein Projekt
zum Thema »Pilgern« im Religionsunterricht
ist ein Projekt mit offenem Ausgang. Ob dabei das Wesen der Wallfahrt, wie es der katholische Karmelitermönch und Professor für
Spiritualität an der Katholischen Universität
Nijmegen Kees Waajman als »Gebetsbewegung« beschrieben hat, entdeckt werden
kann, ob dies überhaupt eine für Protestanten
angemessene Definition des Pilgerns ist, ist
eine offene Frage. Sie zu diskutieren – und das
nicht als intellektuelle theologische Spielerei
zu betreiben – ist das Ziel der vorgestellten
Projektarbeit.

C Unterrichtssequenzen

C.1 Singen. Keine Religion ohne Gesang

Eine Unterrichtssequenz für die Jahrgangsstufe 5/6

Stefan Klockgether

Gesang und Religion stehen unabhängig von Zeit, Raum und Ausprägung in enger Beziehung zueinander. Das zeigt der Blick oder besser gesagt das Hinhören, wenn Religion praktiziert wird. Kaum eine kultische Handlung kommt ohne diesen besonderen Gebrauch der menschlichen Stimme aus.

In diesem Beitrag soll es also zunächst darum gehen, die Geschichte des Singens als Teil christlicher Spiritualität zu umreißen. Dafür werde ich einen Blick auf einige Stationen der Geschichte des Singens im jüdisch-christlichen Kontext werfen. Auch das Verhältnis von Kirchenlied und Schule im Laufe der Jahrhunderte soll in einigen Schlaglichtern dargestellt werden. Vor diesem Hintergrund soll dann eine Unterrichtssequenz vorgestellt werden, die die Praxis des Singens als spirituelle Dimension des Christseins thematisiert.

»Lasst uns dem Herrn singen, denn er hat eine herrliche Tat getan« – Gesang im Alten Testament

Gott zu loben für seine Taten am Volk Israel ist zunächst einmal ein Hauptanlass, zu singen. Diese Praxis bleibt nicht den Engeln vorbehalten, die die Schöpfung Gottes im Gesang verherrlichen, sondern sie ist nach alttestamentlicher Auffassung Aufgabe der Menschen von Anfang an. Schon sehr früh wird ein Ahnherr der Musik benannt: »Und sein Bruder hieß Jubal; von dem sind hergekommen alle Zither- und Flötenspieler.« (Gen 4,21) Die Rede ist hier von Lamechs Sohn, also einem Nachkommen Kains.

Als das Volk später durch das Schilfmeer vor den Ägyptern flieht und von Gott gerettet wird, kann Mirjam, die Schwester Mose, nicht schweigen, erhebt ihre Stimme und singt: »Lasst uns dem Herrn singen, denn er hat eine herrliche Tat getan, Ross und Mann hat er ins Meer gestürzt.« Hier tritt zum Lob des Retters ein Zweites hinzu, nämlich eine Kurzfassung des Ereignisses. So dient also der Gesang auch der Tradierung von Geschichte, in diesem Fall der Heilsgeschichte des Volkes Israel. Da es sich beim Exodus um ein Schlüsselereignis handelt, ist auch das Lied Mirjams fest im kulturellen Gedächtnis nachfolgender Generationen verankert.

Die wohl bekannteste und auch einflussreichste Liedersammlung des Alten Testaments findet sich dann in den Psalmen, die zunächst einmal Versdichtung beinhaltet, aber auch mit den Namen berühmter Sänger in Verbindung gebracht wird. David tritt schon früh als Sänger in Erscheinung, wenn er Saul tröstet oder auch nach dessen Tod ein Klagelied anstimmt: »Die Edelsten in Israel sind auf deinen Höhen erschlagen. Wie sind die Helden gefallen!« (2. Sam 1,17 ff) Die herausragende Produktivität Salomos als Dichter wird deutlich im Buch der Könige: »Und er dichtete dreitausend Sprüche und tausendundfünf Lieder« (1. Kön 5,12).

Zu erwähnen ist auch Asaf, Ahnherr der bedeutendsten Sängergilde im wieder aufgebauten Tempel in Jerusalem. Damit haben wir auch den Ort, an dem der Gesang professionell ausgeübt wird mit instrumentaler Begleitung: »Denn Heman, Asaf und Etan waren

Sänger mit kupfernen, hell klingenden Zimbeln.« (1. Chr 15,19) »Und die Sänger, die Söhne Asaf, standen an ihren Plätzen nach dem Gebot Davids und Asafs und Hemans und Jedutuns, der Seher des Königs« (2. Chr 35,15). Man kann nur erahnen, wie beeindruckend dieser Gesang gewesen sein muss. Im Tempelkult werden also die Psalmen intoniert und damit auch bewahrt und weitergegeben. Die Psalmen stehen auch für eine Erweiterung des inhaltlichen Repertoires und der Anlässe des Gesangs. Neben dem Lob Gottes und dem Dank für die erbrachten Wohltaten, findet nun auch die Klage des Einzelnen oder auch des ganzen Volkes eine Ausdrucksmöglichkeit.

Einen einschneidenden Grund zu klagen liefert schließlich die Zerstörung des Tempels 587 v. Chr., die sich dann auch in den Klageliedern widerspiegelt. Ihren Ort finden diese Gesänge schließlich in Fasten- und Trauergottesdiensten.

Einen ganz anderen Sitz im Leben hat das »Lied der Lieder«, das »Canticum canticorum«. Streng genommen handelt es sich nicht um ein einzelnes Lied, sondern um eine Sammlung verschiedener Liebeslieder, die bei mehrtägigen Hochzeitsfeiern angestimmt wurden. Die Wurzeln dieser Dichtung stammen vermutlich aus der Umgebung des Alten Testaments. So wird das Verhältnis zwischen Göttin und Gott (Ischtar-Tammuz-Kult) umgedeutet zu Aussagen über Jahwe und sein Volk, später im christlichen Kontext zum Verhältnis Christus und Kirche.[54]

Dies zeigt, dass der Alte Bund ein durch und durch singender Bund mit dem Gott Israels war.

»Ermuntert einander mit Psalmen und Lobgesängen und geistlichen Liedern« – Singen im Neuen Testament

Eine große Liedersammlung fehlt auf den ersten Blick, wenn man sich mit dem Neuen Testament beschäftigt. Und doch wird deutlich, welche wichtige Position das Singen beim Entstehen des Christentums spielt. Paulus fordert die jungen Gemeinden auf, den Gesang zum Lob und Dank Gottes zu pflegen:

»singt und spielt dem Herrn in euren Herzen und sagt Gott, dem Vater, allezeit Dank für alles, im Namen unsers Herrn Jesus Christus.« (Eph 5,19 f)[55] Eine ähnliche Aufforderung ergeht an die Kolosser: »Singt Gott in eurem Herzen Psalmen, Hymnen und Lieder, wie sie der Geist eingibt, denn ihr seid in Gottes Gnade.« (Kol 3,16). Es soll also gesungen werden, wenn die Gemeinde zusammenkommt und Paulus nennt auch die Quellen der Gesänge. Es sollen Psalmen angestimmt werden, sowie Hymnen und geistliche Lieder. Bei diesen zuletzt genannten Liedern handelt es sich vermutlich um spontane Dichtungen, die aus der Situation heraus, »wie sie der Geist eingibt«, entstehen.[56] Die Form des Hymnus kommt aus der hellenistischen Tradition und besteht aus einer Folge von Anrufungen, Lobpreisungen und meist einer abschließenden Verherrlichung (Doxologie). Ein bekanntes Beispiel für diese Art Hymnus findet sich im Philipperbrief: »Er, der in göttlicher Gestalt war, hielt es nicht für einen Raub, Gott gleich zu sein, sondern entäußerte sich selbst und nahm Knechtsgestalt an, ward den Menschen gleich und der Erscheinung nach als Mensch erkannt.« (Phil 2,6 f). Dieser Philipperhymnus findet im Jahr 1560 Eingang in Nikolaus Hermanns »Lobt Gott, ihr Christen alle gleich« (EG 27) und damit in unsere alljährlichen Weihnachtsgottesdienste. Hermann dichtet in der 3. Strophe:

»Er äußert sich all seiner G'walt, / wird niedrig und gering / und nimmt an eines Knechts Gestalt, / der Schöpfer aller Ding.«

Die Weihnachtsbotschaft wird hier auf ihren Kern hin zusammengefasst und von der Gemeinde im Lied bestätigt und verkündet.

Unter den Evangelisten zeigt sich Lukas als Sammler großer Lobgesänge. Die sog. »cantica majora« finden sich an Schlüsselstellen rund um das Weihnachtsgeschehen. Maria preist Gott im Magnificat (Lk 1,47–55) für das Wunder um die Empfängnis des Gottessohnes und damit seiner Selbstoffenbarung, Zacharias stellt im Benedictus (Lk 1, 68–79) die Geburt seines Sohnes Johannes in den Zusammenhang mit dem Heilshandeln Gottes am Volk Israel und Simeon sieht seinen Lebensweg schließlich durch die Begegnung mit

[54] Vgl. Werner H. Schmidt, Einführung in das Alte Testament, Berlin 1995[5], S. 314 f.

[55] Die Formulierung »in euren Herzen« wird im Laufe der Auseinandersetzung um den Gesang in der Alten Kirche allerdings z. T. so gedeutet, dass ein sinnlicher Ausdruck, also das hörbare Singen damit nicht gemeint sei, sondern das rein innerliche Reflektieren der frohen Botschaft. Diese Ansicht wird aber u. a. von Nicetas v. Remesiana und Augustinus wortreich zurückgewiesen. Vgl. Christian Möller (Hg.), Kirchenlied und Gesangbuch – Quellen zu ihrer Geschichte, Tübingen 2000, S. 21 ff.

[56] Joachim Stalmann, Musik beim Evangelium, Hannover 1995, S. 7.

dem göttlichen Säugling im »Nunc dimittis« (Lk 2, 29–32) vollendet: »Herr, nun lässt du deinen Diener in Frieden fahren, wie du gesagt hast; denn meine Augen haben deinen Heiland gesehen«. Die Cantica des Lukas erhalten später ihren festen Platz in den Stundengebeten der Klöster und damit eine umfassende Bedeutung für den Tagesablauf und schließlich auch für die Deutung des eigenen Lebenslaufs.

Insgesamt kann man also von einer »florierenden Liedkultur«[57] in den jungen christlichen Gemeinden ausgehen.

»Die Schar des ganzen Volkes kommt in einem einzigen Chor zusammen«[58] – Kirchengesang in der Alten Kirche

Wenn es um die Entwicklung des Kirchengesangs in nachbiblischer Zeit geht, so kommt man um die Geschehnisse in Mailand der Jahre 385/386 nicht herum. Ambrosius ist zu der Zeit Bischof und der 31 Jahre alte und später Kirchenvater genannte Augustinus von Hippo bei ihm. Die Legende erzählt, dass zwischen Kaiserhaus und Bischof ein Streit um die Nutzung der Kirchen Mailands entsteht. Die weltliche Macht bekennt sich zum Arianismus, der zuvor im Konzil von Nicäa (325) in der Wesensfrage Christi gescheitert war, und fordert zunächst eine kleine Kapelle, um die Ostergottesdienste nach arianischer Sitte abzuhalten. Da Ambrosius dieses Ansinnen ablehnt, eskaliert der Streit, ein Gegenbischof wird eingesetzt und eine der Hauptbasiliken beansprucht und von Soldaten umstellt. Das erboste Volk besetzt daraufhin gewaltsam das Gotteshaus und was dann folgt, wird häufig als Geburtsstunde des Gemeindegesangs in der westlichen Kirche bezeichnet. Augustinus beschreibt die Situation so: »Das fromme Volk hielt Nachtwache in der Kirche, bereit, mit seinem Bischof, Deinem Knecht, zu sterben. (…) Damals ward das Singen von Hymnen und Psalmen nach der Weise der Ostkirche eingeführt, damit das Volk im Übermaß seiner Niedergeschlagenheit sich nicht erschöpfe. Seither, bis auf diesen Tag, hat sich der Brauch erhalten und ist bereits von vielen, ja fast allen Deinen Kirchengemeinden

auch sonst auf dem Erdkreis übernommen worden.«[59] So stärken in einer angespannten Konfliktsituation Lieder die Gemeinschaft und spenden Trost unter den Gläubigen. Wie sehr die Gesänge des Ambrosius das Gemüt angesprochen haben müssen, wird deutlich, wenn Augustinus schreibt: »Wie weinte ich bei den Hymnen und Gesängen auf Dich, mächtig bewegt vom Wohllaut dieser Lieder Deiner Kirche! Die Weisen drangen an mein Ohr, und die Wahrheit flößte sich ins Herz, und fromminniges Gefühl wallte über: die Tränen flossen, und mir war wohl bei ihnen.«[60] Später wird Ambrosius vorgeworfen, er »verhexe« das Volk mit seinen »Zauberweisen«.[61]

Dass die Lieder und ihre Wirkung durchaus auch eine gewisse Ambivalenz mit sich bringen, erkennt auch Augustinus. Er befürchtet, dass die sinnliche Erfahrung des Singens, die er ja sehr überschwänglich zum Ausdruck bringt, den Inhalt überdecken könnte. Er schreibt: »So schwanke ich hin und her zwischen der Gefahr der Sinneslust und dem Erlebnis heilsamer Wirkung, aber ich neige (…) mehr dahin, den Brauch des Singens in der Kirche gutzuheißen: es sollen die Freuden des Gehörs dem starken Gemüt zur höheren Seelenbewegung der Andacht verhelfen.«[62] Augustinus reagiert mit dieser zögerlichen Empfehlung nicht zuletzt auf die kritische Haltung des Athanasius, Bischof von Alexandrien, der seinen Lektor nur sehr verhalten singen ließ, »dass es mehr einem getragenen Lesen als einem Singen glich.«[63]

Viele weitere Persönlichkeiten der Alten Kirche betonen, dass zur Erregung des Gemüts auch immer der Verstand gehört, der sich mit dem Inhalt des Gesungenen auseinandersetzt und nehmen eine mehr oder weniger kritische Haltung zum Singen ein. Mal wird das Singen abgelehnt und in die Nähe zum profanen Theater gerückt (Hieronymus), mal die gemeinschaftsbildende Wirkung betont (Nicetas von Remesiana in seiner Schrift »Über den Nutzen der Hymnen«).

[57] Christian Möller (Hg.), Kirchenlied und Gesangbuch – Quellen zu ihrer Geschichte, Tübingen 2000, S. 7.
[58] Ambrosius, Expositio in Psalmum I, Prologus
[59] Augustinus, Bekenntnisse, Neuntes Buch, 7. Übersetzung von Joseph Bernhart
[60] Augustinus, Bekenntnisse, Neuntes Buch, 6. Übersetzung von Joseph Bernhart.
[61] Vgl. Möller, Christian (Hg.): Kirchenlied und Gesangbuch – Quellen zu ihrer Geschichte, Tübingen 2000, S. 12.
[62] Augustinus, Bekenntnisse, Zehntes Buch, 33. Übersetzung von Joseph Bernhart.
[63] Ebd.

Auf dem Weg zur Reformation

Papst Gregor I. steht für eine grundlegende Umgestaltung der gottesdienstlichen Praxis, die auch den gregorianischen Choral hervorbrachte. Auch wenn er selbst kirchenmusikalisch nicht tätig war, so gründete er eine »Schola Cantorum«, die für den Gesang im päpstlichen Gottesdienst zuständig war. In der Folge dieser Reformen erlangte auch der Gemeindegesang bis zum 15. Jahrhundert langsam einen festen Platz im gottesdienstlichen Geschehen. Die Sammlung und Tradierung der Gesänge wird erleichtert durch die Entwicklung einer immer ausgefeilteren Notenschrift, sodass zu Beginn des 10. Jahrhunderts erste Formen eines Gesangbuchs zu finden sind.[64]

Die Geschichte des evangelischen Gesangs als Geschichte der Gesangbücher

Dass Martin Luther ein Verfechter des gemeinsamen Singens war, wird in vielen Äußerungen deutlich, bei denen der Reformator Musik und Theologie in enge Verwandtschaft setzt. Der aufkommende Buchdruck begünstigt dabei nicht nur die Verbreitung reformatorischer Kampfschriften, sondern ermöglicht auch die Weitergabe der Liedertexte nebst gedruckter Noten. So kommt 1524 mit dem »Achtliederbuch« eines der ersten evangelischen Gesangbücher in Umlauf und gibt der reformatorischen Bewegung eine Stimme. Die Lieder stammen größtenteils von Luther selbst und tragen Wittenbergs Gesangspraxis über die Stadtmauern hinaus. Auch der mehrstimmige Gesang erhält mit Johann Walters »Geistlichem Gesang-Büchlein« im selben Jahr eine gedruckte Grundlage. Das Klugsche Gesangbuch mit dem Titel »Geistliche Lieder aufs neu gebessert zu Wittenberg D. Martin Luther« erscheint 1529 und liefert ein Beispiel für die engagiert produktive Zeit, in der sich der evangelische Liederkanon ausbildet. Weitere immer aufwändigere Werke folgen, von denen nicht wenige programmatische Vorworte Luthers oder seiner Mitstreiter bekommen. Das Babstsche Gesangbuch, herausgegeben 1545 vom Leipziger Drucker und Verleger Valentin Babst, bietet zusätzlich zu den Liedern auch besonders prächtige Bildtafeln, die die Texte der Lieder noch einmal vertiefen, und wird so auch zu einem Andachtsbuch. Luther lobt in seiner Vorrede, dass die Editoren »gute Lieder fleißig drucken und mit allerlei Zierde den Leuten angenehm machen«. Er nutzt das Titelblatt aber auch für eine Warnung vor Missbrauch des Liedgutes: »Viel falsche Meister jetzt Lieder dichten, sieh dich vor und lern sie richten, wo Gott hinbauet sein Kirch und sein Wort, da will der Teufel sein mit Trug und Mord.« Luthers Name wird zudem immer wieder auch unter Lieder gesetzt, die nicht aus seiner Feder stammen, um den Umsatz zu steigern.[65]

Zeigen die Wittenberger große Euphorie und Produktivität, was den Gemeindegesang angeht, so reagieren die Reformierten im Süden eher zurückhaltend. Zwingli lehnt den Kirchengesang weitgehend ab und zieht die auf Gottes Wort konzentrierte Stille vor: »Es widerspricht dem menschlichen Gemüt, daß man in großem Getöse und Lärm sich dem Nachdenken und der Andacht hingeben könne.«[66] Auch Johannes Calvin steht dem »großen Getöse« skeptisch gegenüber und favorisiert das einstimmige, unbegleitete und rhythmisch sehr schlichte Singen von Psalmen. Auf Grundlage der 150 Psalmen entsteht so in 20-jähriger, beeindruckender Arbeit der Genfer Psalter, der von Theodor Beza 1562 vervollständigt und abgeschlossen wird. Die Psalmen bleiben einzige Grundlage des Gesangs, weil Calvin in ihnen die einzigen quasi von Gott selbst autorisierten Liedtexte sieht, die sich von allem Profanen abgrenzen lassen.

Macht man nun einen großen Schritt hin auf das heute in Gebrauch stehende Evangelische Gesangbuch, so kann man die facettenreiche Geschichte des evangelischen Gesangs an der Vielzahl der Lieder und Formen ablesen. Der Neuausgabe des EG ging eine langwierige Arbeit des Sichtens, Auswählens und Anpassens voraus, die ganze 15 Jahre in Anspruch nahm, bevor das neue Gesangbuch der Öffentlichkeit 1994 präsentiert werden konnte. Viele Entwicklungen mussten berücksichtigt werden. Neue Musikstile fanden Eingang in die Kirchengesänge des 20. Jahrhunderts und

[64] Möller, Christian (Hg.): Kirchenlied und Gesangbuch – Quellen zu ihrer Geschichte, Tübingen 2000, S. 30 f.

[65] Vgl. Dremel, Erik: Sammeln und Sichten – Gesangbücher als Liedkanon, in: Peter Bubmann/Konrad Klek (Hg.): Davon ich singen und sagen will – Die Evangelischen und ihre Lieder, Leipzig 2012, S. 49.

[66] Möller, Christian (Hg.): Kirchenlied und Gesangbuch – Quellen zu ihrer Geschichte, Tübingen 2000, S. 94.

auch alte, klösterliche Traditionen erfuhren eine Neuinterpretation, wie sie sich z. B. in den Gesängen aus Taizé zeigt. All das zusammen bildet die Grundlage des evangelischen Liederkanons, wie er heute im gemeinsamen Singen der evangelischen Kirche seinen Ausdruck findet. Im noch jungen 21. Jahrhundert kommen wiederum viele experimentelle Ansätze und Einflüsse aus Pop, Jazz, der Weltmusik und auch Rap und Hip Hop hinzu, die sicherlich in einer zukünftigen Neufassung eines Gesangbuches berücksichtigt werden müssten, wenn die zunehmende Diversifizierung nicht sogar ein einziges gemeinsames Gesangbuch unmöglich macht.

Das Kirchenlied in der Schule

Für den hier behandelten Zusammenhang ist die Frage wichtig, wie und unter welchen Voraussetzungen das Kirchenlied Einzug in die Schulen hielt. Manfred Pirner hat hier eine umfassende Untersuchung[67] vorgelegt, die den folgenden Überlegungen als Basis dient.

Schon im Mittelalter sind die kirchlichen Gesänge Unterrichtsstoff der Lateinschulen und auch der deutschen Schulen. Hierbei diente das Einüben der Melodien und das Auswendiglernen der Texte zur Vorbereitung auf den Gottesdienst.[68] Luther fördert vor dem Hintergrund seiner Liebe zur Musik den Gesang in der Schule und spricht ihm erzieherische Qualitäten zu: »Musica ist eine halbe Disciplin und Zuchtmeisterin, so die Leute gelinder und sanftmütiger, sittsamer und vernünftiger macht.«[69] Dies führte u. a. dazu, dass in den Schulordnungen der Reformation das Singen einen festen Platz im Schulalltag bekam. Die zahlreich erscheinenden Gesangbücher machten diese Entwicklung möglich.

Das Nachdenken über den Inhalt der Lieder kommt erst später hinzu und ist dem Pietismus und namentlich August Hermann Francke (1663–1727) zu verdanken, der eine Auslegung der Lieder für die Schülerschaft forderte. Verstand und Herz sollten beim Singen zusammenwirken. Pirner fasst die Aufgaben der Kirchenlieder in der Schule dieser Zeit so zusammen: »1. Die Kinder sollten die Lieder auswendig lernen, um sie im Gottesdienst singen zu können und so gelingenden Gemeindegesang zu ermöglichen. 2. Die Kinder sollten durch die Lieder die wahre Lehre in sich aufnehmen und in ihr gefestigt werden.«[70] Dass dabei immer wieder das Gefühl in besonderer Weise angesprochen wird und von Bedeutung in der religiösen Entwicklung ist, betont Schleiermacher, indem er der »Musik als Sprache des Herzens« eine »größere Wahrhaftigkeit« als dem gesprochenen Wort zubilligt.[71] Sicherlich ist dies auch eine tief in der Romantik verwurzelte Haltung, die sich jedoch auch mit heutigen Beobachtungen deckt. Joachim Heinrich Campe, kurze Zeit Leiter des Philanthropinums in Dessau, vertrat in dieser Reformschule des 18. Jahrhunderts die Position, dass es im Religionsunterricht um eine Aneignung von Religion mit allen Sinnen gehen müsse.[72]

»Singen macht Spaß« – erfahrbare Religion

Nach einer nicht repräsentativen Umfrage in meiner fünften Klasse kamen die Befragten fast einhellig zum Ergebnis, dass das Singen im Unterricht zum einen »Spaß« mache, zum anderen die Gemeinschaft in der Klasse fördere. Diese zunächst banal anmutenden Aussagen greifen Eigenschaften des Gesangs auf, die in der zuvor umrissenen Geschichte des Singens immer wieder eine große Rolle gespielt haben, sei es im Alten Testament oder zur Zeit der Reformation. Die Praxis des Singens hat eine Wirkung auf das Gefühlsleben, auf das *Herz* der Sängerinnen und Sänger. Das Einstimmen in die singende Gemeinschaft, die Erfahrung, dass die eigene Stimme zum großen Ganzen passt, hinterlässt ein gutes Gefühl. Das gemeinsam gesungene Lied schafft auch eine Ordnung in Zeit und Raum und stiftet damit Sinn.

Daraus erwächst auch eine besondere Verantwortung für die Lehrenden, die mit ihren Klassen singen. Reflexion über das Gesungene, Einordnung in den jeweiligen Kontext sollten also auch in altersangemessener Form erfolgen.

[67] Pirner, Manfred L.: Musik und Religion in der Schule, Göttingen 1999.
[68] Pirner, S. 57.
[69] Martin Luther, WA, Tischreden 1, Nr. 968.
[70] Pirner, S. 64
[71] Vgl. Pirner, S. 130.
[72] Vgl. Pirner, S. 108.

Singen als Kompetenz religiöser Bildung – Anbindung an die curricularen Vorgaben

Wie der Blick auf die Geschichte des Singens zeigt, gehört der Gesang zu den Grundformen religiöser Ausdrucksfähigkeit. Beschäftigt sich also Schule mit Religion, so gehört die Erfahrung des Singens dazu. Alles andere wäre unvollständig, zumal uns Religion im Alltag häufig in gesungener Form begegnet, sei es in Gottesdiensten oder auch bei anderen Ereignissen kirchlicher Gemeinschaft. Die Möglichkeit zur Teilhabe setzt also auch eine entsprechende Kompetenz im Singen voraus. Die Comenius-Expertengruppe formuliert zwölf »Grundlegende Kompetenzen religiöser Bildung«. Bezüglich des Christentums im Religionsunterricht berührt vor allem die sechste Kompetenz das Singen:
– »Grundformen religiöser Praxis beschreiben, probeweise gestalten und ihren Gebrauch reflektieren.«

In dem Begriff »probeweise« spiegelt sich wider, dass es natürlich um keine Partizipation an religiöser Praxis im Unterricht gehen kann, sondern nur die Möglichkeit für eine solche geschaffen werden soll. Beim Singen selbst ist es allerdings nur schwer möglich, nüchtern reflektierend zu handeln, da die Musik unmittelbar Emotionen weckt und diese mit dem Inhalt eine enge Verbindung eingehen. In Bezug auf das Singen der Lieder kann der nötige Abstand über eine anschließende Reflexion des Textinhalts und des Gebrauchs der Lieder im gottesdienstlichen Zusammenhang geschehen. Auch in den Kerncurricula der weiterführenden Schulen lässt sich das Thema »Singen« verorten. So berührt beispielsweise im niedersächsischen Kerncurriculum Evangelische Religion für die Klassen 5 bis 10 des Gymnasiums das hier behandelte Thema folgende Kompetenzbereiche:
– »Wahrnehmungs- und Darstellungskompetenz – religiös bedeutsame Phänomene wahrnehmen und beschreiben« und hier besonders »Grundlegende religiöse Ausdrucksformen wahrnehmen und beschreiben«
– »Deutungskompetenz – religiös bedeutsame Sprache und Zeugnisse verstehen und deuten« hier den Aspekt »Grundformen religiöser und biblischer Sprache sowie individueller und kirchlicher Praxis kennen und deuten«
– »Gestaltungskompetenz – religiös bedeutsame Ausdrucks- und Gestaltungsformen verwenden« mit den Teilaspekten »Formen religiöser und biblischer Sprache sowie individueller und kirchlicher Praxis von Religion gestalterisch Ausdruck verleihen«, »Religiöse Ausdrucksformen für verschiedene Lebenssituationen erproben«, »Feste des Kirchenjahres und religiöse Feiern im schulischen Leben mitgestalten«

Diese Kompetenzen werden in den nachfolgenden Unterrichtssequenzen wieder begegnen; hier bietet sich also die Chance eines spiralcurricularen umfassenden Kompetenzaufbaus.

Zielsetzung und didaktisch-methodische Vorüberlegungen

In der hier nun zu umreißenden Unterrichtseinheit soll den Fragen nach Funktion und Tradition des Gesangs im Christentum nachgegangen werden. Die Schülerinnen und Schüler sollen den gemeinsamen Gesang als wichtigen Baustein religiöser Vollzüge kennenlernen und ausprobieren. Der christliche Gesang stiftet, wie in der historischen Einleitung dargelegt, Gemeinschaft, dient dem Gotteslob und der Verkündigung des Evangeliums. Dieser Horizont, vor dem sich der Gesang bewegt, soll den Schülerinnen im Nachvollzug zugänglich gemacht werden. Begleitend sollte die Klasse in jeder der Stunden daher selbst singen. Dazu sind die für die Stunden ausgewählten Lieder geeignet, weil sie zum einen relativ leicht zu singen sind und zum anderen das Thema »Singen« auch explizit ansprechen. Die Texte der Lieder sollen dann durch Gestaltungsaufgaben erschlossen werden, sodass der Klang in Wort und Bild ergänzt und eine bleibende Dokumentation der Ergebnisse ermöglicht wird.

Den Schwerpunkt auf die praktische Erfahrung des Singens zu legen ist dadurch gerechtfertigt, dass es sich um Schülerinnen und Schüler des 5. und 6. Jahrgangs handelt. In dieser Altersstufe ist die Freude am Singen noch relativ ungebrochen und ein praktischer Zugang der theoretischen Reflexion vorzuziehen, wenngleich diese ergänzend erhalten bleiben muss. Deswegen soll – die Unterrichtsreihe begleitend – ein Plakat mit der Überschrift »Was Lieder alles können ...« nach und nach vervollständigt werden. Am Schluss jedes Bausteins soll die Klasse dann Vorschläge sammeln und diese auf das Plakat bringen.

Verlaufsplanung

1./2. Stunde: »Mehr als Worte sagt ein Lied«

Lied in der Stunde: »Kommt herbei, singt dem Herrn« (M 1)

Schwerpunkt ist hier zunächst einmal die Wahrnehmung und die Erkenntnis, dass in religiösen Vollzügen oft gesungen wird. Am Anfang steht das Singen der ersten Strophe von »Kommt herbei«. Alternativ kann dies auch als Hörbeispiel eingespielt werden. Das Internetportal »YouTube« bietet hierfür einige Aufnahmen aus Gottesdiensten. Es kann hier auch ein anderes Lied gewählt werden, wenn es zunächst nur um den typischen Höreindruck des Gemeindegesangs gehen soll.

Auf die Frage hin, zu welcher Gelegenheit dieses Lied gesungen werden könnte, werden die Schülerinnen und Schüler recht schnell darauf kommen, dass es sich für den Gottesdienst eignet und sich aufgrund des Textes als Eingangslied anbietet. An dieser Stelle sollte auch Raum gegeben werden für persönliche Erfahrungen der Schülerinnen und Schüler mit dem Gesang im Gottesdienst oder auch mit dem Singen in anderen Zusammenhängen.

Die Liedzeile »Mehr als Worte sagt ein Lied« ist dann der Ausgangspunkt für eine Gestaltungsaufgabe. Das Liedblatt soll hierbei von den Schülern so gestaltet werden, dass der Charakter des Liedes und dessen Botschaft durch die Bildelemente gestützt werden. Um die Tradition, in der diese Art der Gestaltung von Gesangbuchseiten steht, deutlich zu machen, kann den Schülerinnen und Schülern das Lutherzitat aus seiner Vorrede zum Babstschen Gesangbuch 1545 z. B. als Tafelanschrieb an die Hand gegeben werden:

»Darum tun die Drucker sehr wohl daran, dass sie gute Lieder fleißig drucken und mit allerlei Zierde den Leuten angenehm machen, damit sie zu solcher Freude des Glaubens gereizt werden und gerne singen.« (Vgl. auch M 5)

Anhand der gestalteten Liedblätter soll dann besprochen werden, was denn ein Lied *mehr kann* als bloße Worte. Hier werden die Schülerinnen und Schüler auf die Gefühle verweisen, die ein Lied auslösen kann und haben damit schon eine wichtige Dimension des Singens beschrieben. Die Emotionalität in der Gruppe zu teilen, legt die erste Strophe des Liedes ebenfalls nahe – »Singend lasst uns vor ihn treten« –, sodass auf den gestalteten Liedblättern mit Sicherheit auch Menschen zu sehen sein werden, die gemeinsam singen. Der zweite wichtige Aspekt, nämlich der Gemeinschaft beim Singen, wird damit eingefangen und kann thematisiert werden.

Schließlich wird auch der Adressat genannt, für den gesungen werden soll. Das Lob Gottes führt also zurück zum gottesdienstlichen Rahmen, in dem der Gesang seinen Ort findet. Damit klingen in den Einführungsstunden drei wichtige Aspekte des Singens an, zu denen der Aspekt der Verkündigung in der Folgestunde hinzutreten soll.

Als Ergebnis dieser ersten beiden Stunden könnten folgende Sätze für das Plakat formuliert werden:

– »Lieder können Menschen zusammenbringen.«
– »Lieder können für Gott gesungen werden und ihn loben.«

3. Stunde: Lieder erzählen Geschichten

Lied in der Stunde: »Gedränge und Gerempel« (M 2)

In dieser Stunde geht es um den Aspekt der Verkündigung in Liedern. Mit dem Lied »Gedränge und Gerempel« soll deutlich werden, was ein Lied zur Vertiefung und Deutung einer Geschichte beitragen kann.

Als Einstieg kann die Textzeile der letzten Stunde »Mehr als Worte sagt ein Lied« noch einmal aufgegriffen werden. Was leistet »Gedränge und Gerempel« in diesem Zusammen-

27

hang? Dafür lohnt sich ein genauerer Blick auf die Gestaltung des Liedes. Das Lied »Gedränge und Gerempel« von Andreas Ebert und Kirsten Fiedler erzählt die Geschichte vom zwölfjährigen Jesus im Tempel zu Jerusalem. Gleichzeitig bekommt man einen Eindruck vom bunten Treiben rund um das Pessach-Fest in der heiligen Stadt. Musikalisch ahmt die Melodie durch die gebrochenen Dreiklänge eine Art Glockengeläut nach. Da die Melodie nicht auf der Tonika (Grundharmonie), sondern auf der Dominante endet, führt sie unmittelbar zur nächsten Strophe, das Gedränge lässt also keinen Ruhepunkt zu und reißt den Beobachter, in diesem Fall die Sänger, mit sich in den Tempel.

In dieser Geschichte kommt Jesus den Schülerinnen und Schülern vor allem durch sein Alter sehr nah und es stellt sich die Frage, was ihn am Tempel fasziniert und anzieht. Die Zeit und Umgebung wird im Lied inszeniert. Das »Gedränge und Gerempel« auf dem Weg zum Tempel nachzustellen, bietet sich hier an, deswegen sollte das Lied nicht im Sitzen gesungen, sondern zum Beispiel mit einem gemeinsamen Zug durch den Klassenraum verbunden werden. So wird auch nachvollziehbar, wie Jesus hier verloren gehen kann. Das vielstimmige Durcheinander kann dadurch verstärkt werden, dass die erste Strophe aleatorisch gesungen wird, das heißt, dass mehrere Gruppen je nach Belieben einsetzen. Hierdurch wird der Eindruck des Stimmengewirrs und des Glockengeläuts ebenfalls verstärkt. Das einleitende Vorspielen eines Glockengeläuts beispielsweise der Kirche vor Ort kann dabei hilfreich sein und die Assoziation verstärken.

In einem zweiten Schritt sollten besonders die beiden letzten Strophen genauer betrachtet werden, die mit den Worten Jesu die Pointe der Perikope in Verse fassen: »Könnt ihr nicht sehen, an diesen Ort gehör ich hin, wo ich bei meinem Vater bin!« Das Lied lässt die Eltern nicht weiter fragen. Diese Fragen der Eltern an Jesus können dann von den Schülerinnen und Schülern formuliert werden.

Die besondere Form der Verkündigung steht im Mittelpunkt dieser Stunde. Die Schülerinnen und Schüler gehen performativ mit der Geschichte um, indem sie das Lied in der oben beschriebenen Weise inszenieren. Zum Schluss sollte es eine Reflexion über das Erlebte geben. Was wäre anders, wenn die Geschichte einfach nur vorgelesen worden wäre? Haben wir etwas Wichtiges über Jesus und seine Umwelt durch das Lied erfahren können?

Als Ergebnis auf das Plakat könnte folgender Satz geschrieben werden:

– »Lieder können Geschichten erzählen und sie miterleben lassen.«

In Vorbereitung auf die folgenden Stunden werden zwei Schülerinnen oder Schüler damit beauftragt, sich über den Lieddichter Paul Gerhardt zu informieren und ihre Erkenntnisse der Klasse in einem kurzen Referat vorzustellen.

4./5. Stunde: Lieder haben eine Geschichte – Singen in schweren Zeiten

Lied in der Stunde: »Ich singe dir mit Herz und Mund« (EG 324) (M 3)

In dieser Stunde geht es zum einen darum, einen traditionellen Choral kennenzulernen, aber auch die Lebensumstände des Dichters Paul Gerhardt. Hier können die Schüler erfahren, dass auch in Zeiten der Krise (hier der Dreißigjährige Krieg) gesungen und Gott gelobt wird. Dies scheint zunächst ein Widerspruch zu sein, der die Stunde begleiten wird und einen weiteren Aspekt des Gesangs beleuchtet: den Trost.

Am Beginn der Stunde sollte das Kurzreferat über Paul Gerhardt stehen. Sollten die Vortragenden nicht auf die Lebensumstände zur Zeit des Dreißigjährigen Krieges eingehen, muss dies durch die Lehrkraft ergänzt werden. Vor diesem Hintergrund soll nun die Beschäftigung mit dem Choral stehen.

Gerhardt verknüpft in genialer Weise Lebenserfahrung und Heilsgewissheit. Der Dichter schafft eine enge Verbindung zwischen Gott dem Schöpfer, dem »Ursprung aller Ding«, und dem daraus erwachsenden Vertrauen auf die Bewahrung des Einzelnen. Der Trost ergibt sich aus den Fragen und Antworten in den Strophen, die dem Sänger im Dialog bewusst machen, wie sehr er von Gott bewahrt und aufgefangen wird, um dann in der Zuversicht zu münden, dass Gott dieses Heilsgeschehen auch fortsetzen wird »Wohlauf, mein Herze, sing und spring und habe guten Mut! Dein Gott, der Ursprung aller Ding, ist selbst und bleibt dein Gut.« (Str. 13) Dass hier und in der ersten Strophe das Herz in besonderer Weise mit dem Gesang in Verbindung gebracht wird, unterstreicht noch einmal die Nähe des Singens zur Emotion. Singen bewegt das Herz und kann also auch das Herz zur Freude anregen, beruhigen und somit Trost spenden.

Es gibt also eine Fülle von Aspekten, die in diesem Choral *verdichtet* sind. Nur einiges kann mit den Kindern entfaltet werden, deswegen ist eine Konzentration auf die konkrete Situation, in der das Lied gedichtet wurde, und auf eine Auswahl aus den 18 Strophen sinnvoll.

Nachdem das Lied mit den ausgewählten Strophen gesungen wurde, geht es an den Text. Die Strophen sollen nun in einer arbeitsteiligen Gruppenarbeit verteilt und gestalterisch bearbeitet werden. Waren die Bildelemente in der ersten Stunde (Gestaltung zu »Kommt herbei, singt dem Herrn«) frei wählbar, so soll es hier um die Typografie gehen. Die Schüler bekommen die Aufgabe, den Text ihrer Strophe so aufzuschreiben, dass durch Schriftgröße und Schrifttyp die Betonung einzelner wichtiger Begriffe und ihre Bedeutung anschaulich gemacht werden. Diese Arbeit kann auch sehr gut am Computer ausgeführt werden. Da sie vermutlich mit dieser Art der Textgestaltung noch nicht viel Erfahrung haben, ist es hilfreich, die erste Strophe gemeinsam an der Tafel zu gestalten. (M 4)

In der anschließenden Präsentation werden die Strophen dann wieder zusammengebracht. Hierbei kann schon beim Vorlesen die Betonung nach Schriftgröße oder Schrifttyp ausgerichtet werden, sodass im günstigen Fall bereits ein musikalischer Eindruck entsteht. In einem zweiten vertiefenden Schritt soll nun für den ganzen Choral eine Schlagwortwolke (siehe M 4) erstellt werden, wie sie aus dem Internet den Schülerinnen und Schülern bekannt sein sollte. So kann man zentrale, wiederkehrende Begriffe und damit den Kern des Chorals auf einen Blick erkennen. Aus den entstehenden Wortbildern lassen sich inhaltliche Schwerpunkte, aber zum Beispiel auch die dialogische Anlage des Chorals ablesen.

In einer abschließenden Präsentation der Schlagwortwolken wird dann noch einmal der Bogen zur Lebenssituation Gerhardts und Parallelen in der Lebenswelt der Schülerinnen und Schüler geschlagen.

Als Stundenergebnis könnte dann auf das Plakat:
– »Lieder können auch in schweren Zeiten gesungen werden.«
– »Lieder können Mut machen und trösten.«

6./7. Stunde: Martin Luther und das Singen – Abschluss und Zusammenführung

Martin Luther äußert sich häufig zur besonderen Stellung der Musik und des Singens, so auch in der Vorrede zum Babstschen Gesangbuch. Der Textauszug auf dem Arbeitsblatt (M 5) ist sprachlich behutsam aktualisiert, damit ein Verstehen seitens der Schülerinnen und Schüler leichter möglich wird. Luther unterscheidet hier zwischen einer alten »unwilligen« Form des Gottesdienstes und der neuen durch Fröhlichkeit und Gesang geprägten Form. So ist auch seine Rede vom alten und neuen Testament zu verstehen, nicht als Unterscheidung der beiden biblischen Teile, sondern im Sinne der Unterscheidung von Gesetz und Evangelium. So kann Luther schließlich auch den Psalm 96 zum »neuen« Testament zählen.

Ein erstes gemeinsames Lesen des Textes ist zur Klärung von Verständnisfragen sehr sinnvoll. Danach können die Schülerinnen und Schüler in eine Gruppenarbeitsphase entlassen werden, um die ersten beiden Arbeitsaufträge zu bearbeiten.

Die Gruppen werden sehen, dass Luther ähnliche Aspekte betont, wie sie in den Stunden zuvor auf dem Ergebnisplakat festgehalten wurden. Luther betont hierbei besonders die fröhliche Verkündigung des Evangeliums, »dass es andere hören und dazukommen«. Die Ergebnisse sollten in einer kurzen Besprechung verglichen werden, um dann zum

Gestaltungsauftrag zu kommen. Hierbei sollen nun die Erkenntnisse der Einheit in ein Werbeplakat für ein gemeinsames Singen in der Kirche einfließen. Die Gruppen sind dabei recht frei in den Gestaltungsmitteln. Nutzen können sie die Texte der Lieder, Bildelemente ihrer Liedblattarbeit oder auch die typografischen Einfälle der Arbeit mit Gerhardts Choral.

In der Schlusspräsentation sollten die einzelnen Werbeplakate verteilt im Raum aufgehängt und zunächst wie in einer Galerie betrachtet werden. Anschließend können sich die Schülerinnen und Schüler zur Wirkung der Plakate äußern.

Zur Abrundung der Reihe sollte sich dann, je nach Zeit und Möglichkeit, ein offenes Singen anschließen, das die Lieder der Reihe noch einmal aufgreift. Alternativ könnte natürlich auch eine Veranstaltung, wie sie auf den Plakaten beworben wird, gemeinsam geplant und durchgeführt werden.

Ideenwerkstatt – Lieder als Bausteine für den Religionsunterricht der 5. und 6. Klasse

Lieder eignen sich auch über eine Sequenz hinaus als Begleiter durch die Themen des Religionsunterrichts der Klassen 5 und 6. Sie können eine Einheit einleiten oder auch vertiefen, sie können am Beginn des Unterrichts als Ritual den Einstieg erleichtern. Aus diesem Grund möchte ich im Folgenden einzelne mir geeignet erscheinende Lieder vorstellen und praktische Anregungen zur Gestaltung im Unterrichtsgeschehen geben. Dass das gemeinsame Singen mit den Schülerinnen und Schülern auch den Lehrenden einiges an musikpraktischer Kompetenz abverlangt, sollte dabei nicht unterschätzt werden. Allerdings kann man sehr häufig auf die Talente der Klasse zurückgreifen und beispielsweise die Gitarrenbegleitung delegieren oder auch eine Playback-CD nutzen.

»Laudato si« - Das Lob der Schöpfung mit Hitcharakter

Oft, vielleicht auch zu oft gesungen erfreut sich »Laudato si« (M 6) ungebrochener Attraktivität bei den Heranwachsenden. Die sehr eingängige Melodie, das immer wiederkehrende, aus vier Harmonien bestehende Begleitostinato und der leicht zu lernende Text sind vermutlich die Gründe dafür, dass dieses Lied funktioniert und von den Klassen immer wieder gewünscht wird. Die einfache musikalische Form ermöglicht auch einen verstärkten Einsatz von Begleitinstrumenten. »Laudato si« ist ein sogenanntes Neues Geistliches Lied und stammt aus dem Jahr 1974. Winfried Pilz greift dabei auf eine Vorlage aus Italien zurück und verarbeitet den Sonnengesang Franz von Assisis sowie Dan 3,61ff, wo der Lobgesang auf den Schöpfer in auswegloser Situation erklingt.

Einsatz im Unterricht

In der Unterrichtseinheit zur Schöpfung könnte »Laudato si« am Ende die Antwort des Menschen auf die Schöpfungswerke Gottes erklingen lassen. Das endlose Lob, das in der musikalischen Ringstruktur des Liedes seine Entsprechung erhält, erklingt, indem in den ersten sechs Strophen die erfahrbare, von Gott geschaffene Welt mit ihrer Landschaft, den Pflanzen und Tieren und schließlich dem »Bild der Liebe«, dem Menschen, »gepriesen« wird.

Bewährt hat sich das Singen in zwei Gruppen, wobei eine den Kehrvers intoniert und die andere jeweils eine Strophe darüberlegt. So wird der »Endloscharakter« des Schöpferlobs noch einmal unterstrichen, wenn die Grenzen von Strophe und Kehrvers verschwimmen.

Hinzutreten können einfache Instrumente wie z. B. Trommeln, Bassstäbe oder auch Boomwhackers (gestimmte Plastikröhren), die das Begleitostinato mitspielen. So kann man die Schülerinnen und Schüler noch stärker ins musikalische Geschehen einbinden und die Struktur des Liedes hervorheben.

Nach dieser sinnlichen Erfahrung kann sich eine Auseinandersetzung mit den Begriffen »loben« und »preisen« anschließen. Was heißt es eigentlich, wenn man für etwas gelobt wird oder wenn man jemanden lobt? Die Erfahrungswelt der Schülerinnen und Schüler wird bestimmt einige Beispiele liefern. In welcher Körperhaltung, mit welcher Geste kann man loben?

Die Ergebnisse können dann in eine weitere Ausgestaltung des Liedes einfließen. Einfache Bewegungen zum Lied können erarbeitet, vorgestellt und von der Klasse umgesetzt werden.

Lohnenswert ist dabei auch eine Beschäftigung mit Assisis Sonnengesang, der besonders die geradezu familiäre Verflechtung alles Geschaffenen betont. Auch dieser Aspekt kann im gemeinsamen Singen erfahrbar gemacht werden.

Schließlich kann die erste Schöpfungserzählung parallel zu den ersten sechs Strophen gelesen und so die Entstehung eines Liedtextes nachvollzogen werden.

»Als Israel in Ägypten war« – Eine Heldengeschichte

In der kleinen schon erwähnten Umfrage in meiner 5. Klasse rangierte ganz oben auf der Hitliste die deutsche Fassung des Spirituals »When Israel was in Egypt's Land« von Stefan Hansen (M 7). Spätestens als ich im Shop des Jüdischen Museums in Berlin auf eine Moses Action-Figur und die Stofftiersammlung passend zu den sieben ägyptischen Plagen traf, war mir klar, dass es um eine Heldengeschichte geht. Im Lied wird diese Geschichte inszeniert und gipfelt in dem Ruf: »Lass es ziehn, mein Volk!«. Die Sängerinnen und Sänger schlüpfen also in die Rolle des Helden und das macht das Lied für Jugendliche reizvoll. Hinzu kommt, dass die Melodie im Kehrvers auf einen Höhepunkt zusteuert und die Mollharmonik dem ganzen Geschehen Dramatik verleiht.

Einsatz im Unterricht

Das Lied greift die Begegnung zwischen Mose und dem Pharao auf, die sich auch in einer entsprechenden Inszenierung des Gesangs niederschlagen kann. Im Sinne eines Call and Response kann der Ruf »Lass es ziehn, mein Volk!« von allen gesungen und die erzählenden Passagen von einzelnen Sängerinnen und Sängern übernommen werden. So wird der Dialog deutlich. Der Ruf kann auch emphatisch in das Lied hineingesprochen werden, um so auch nicht so sangesfreudigen Schülerinnen und Schülern die Teilhabe am musikalischen Geschehen zu ermöglichen.

Das Verhältnis von Unterdrückern und Unterdrückten kann dann allgemein thematisiert und v. a. mit der Herkunft des Spirituals in Verbindung gebracht werden. Die Frage, wie dieses Lied in einer Situation der Unterdrückung und Abhängigkeit über die Jahrhunderte hinweg Trost spendet und Protest artikuliert, kann dabei im Mittelpunkt stehen.

»Habt ihr schon gehört von Abraham?« – Ein Lied weiterdichten

Die Urgeschichte ist Gegenstand des Unterrichts der 5. Klasse und bietet einen Einblick in das Verhältnis zwischen Gott und dem Menschen am Beispiel der Vita Abrahams. Das Lied »Habt ihr schon gehört von Abraham?« (M8) von Joachim Kreiter (Text) und Jan Witt (Musik) thematisiert den Auftrag Gottes an Abraham, seine angestammte Heimat zu verlassen und neu anzufangen. Musikalisch ist das Lied durch seine einfache Melodik und Rhythmik leicht zu lernen. Dennoch hat es seinen Reiz, da das Fortziehen Abrahams und seiner Sippe als schnell aufsteigende Melodielinie bis zum Sprung auf den Spitzenton erfahrbar wird. Kreiter beschränkt sich in zwei Strophen auf die Segensverheißung Gottes an Abraham, sodass sich ein Weiterschreiben des Liedes anbietet, wobei die Schülerinnen und Schüler weitere Stationen der Abrahamerzählung aufgreifen und in neue Strophen für das Lied umsetzen können. Ziel ist es dabei, dass sich die Kinder zum einen intensiv mit der Geschichte auseinandersetzen und dann den Inhalt in verdichteter Form gestalten.

Nun ist dieser produktionsorientierte Ansatz, der seine Parallelen im Deutschunterricht findet, anspruchsvoll, sodass die Lerngruppe natürlich Hilfestellungen benötigt. Umso grö-

31

ßer ist aber auch das Erfolgserlebnis, wenn die selbst geschriebenen Strophen auf die Melodie passen und anschließend von allen gesungen werden. Als Beispiel sollen hier zwei von Schülern meiner 5. Klasse verfasste Strophen dienen:

»Habt ihr schon gehört von Abraham
und seiner Frau, die kein Kind bekam.
Irgendwann kamen drei Männer
die war'n gute Gotteskenner
Und sie sagten Abraham,
Dass Sarah doch ein Kind bekam.«

»Habt ihr schon gehört von Ismaël?
Er musste in die Wüste ziehn.
Schnell das Brot war aufgegessen,
und er war vom Durst besessen.
Weit von zuhause war er fort,
doch sein Retter war Gottes Wort.«

Man merkt, dass es sinnvoll ist, die einleitende Frage des Originaltextes zu übernehmen. So haben die einzelnen Arbeitsgruppen schon einmal einen Einstieg. In der Gruppenphase hat sich gezeigt, dass sich die Schülerinnen und Schüler ihre Ergebnisse immer wieder probeweise gegenseitig vorsangen und anschließend korrigierten und umbauten. So entstand eine rege und intensive Arbeit mit der Abrahamerzählung.

Einsatz im Unterricht

1. Erster Zugang zum Lied
Das Lied kann sehr gut als Einstieg in eine längere Einheit zu Abraham dienen und die Begegnung mit den vielfältigen Erzählungen begleiten. »Hast du schon gehört von Abraham?« als Tafelanschrieb kann zunächst das Vorwissen aktivieren. Das anschließende Einüben und Singen des Liedes bildet dann den Ausgangspunkt zur Bibellektüre.
Das »Hören« von Geschichten und damit die mündliche Tradition, die eine spätere Sammlung im Alten Testament erst möglich macht, kann ebenfalls zum Thema gemacht und spielerisch in einer fiktiven Lagerfeuerszene im Zeltlager Abrahams erprobt werden. So bekommen die Schülerinnen und Schüler auch

ein Gefühl für das Nomadendasein dieser Großfamilie.

2. Vertiefen durch Weiterdichten
Sarahs und Abrahams spätes Elternglück, die Episode mit Hagar und Ismael, die Verbannung der beiden und natürlich das Opfer Abrahams auf Moria werden auf vielfältige Weise im Unterricht behandelt und können dann Grundlage für weitere Strophen des Liedes sein. Es bietet sich an, dies in Arbeitsgruppen zu geben, aber auch Einzelleistungen zuzulassen, da das Dichten ein komplexer Vorgang ist, der viel Gruppendisziplin voraussetzt. Die Zwischenergebnisse sollten auf der Tafel oder auf Folie immer wieder in der Gesamtgruppe diskutiert und bearbeitet werden. Das gemeinsame Singen der neuen Strophen ist als Ergebnissicherung und v. a. als Würdigung der erbrachten Leistung sehr gut geeignet. In manchen Gruppen werden sicherlich nur Teilergebnisse erzielt, die dann mit Hilfe der Mitschüler vervollständigt werden können.

Hilfsmittel für die Praxis

Das Kindergesangbuch

Mit dem »Kindergesangbuch«[73] gab 1998 Andreas Ebert eine sehr ansprechende Liedersammlung heraus, die sich am Aufbau eines klassischen Gemeindegesangbuchs orientiert, aber die Themen sehr kindgerecht präsentiert. Illustriert werden die Lieder, Gebete und erklärenden Texte von Werner Tiki Küstenmacher, was einen Zugang zu vielen auch komplizierteren Themen erleichtert. Die Lieder selbst sind gut ausgewählt und für Instrumentalbegleitung mit entsprechenden Gitarrenakkorden versehen. So lässt sich dieses Gesangbuch auch gut im Religionsunterricht einsetzen und kann dabei gleichzeitig den Lauf des Kirchenjahres begleiten. Als Hilfe steht auch eine CD zur Verfügung, die das Mitsingen ermöglicht, falls eine anderweitige Begleitung nicht möglich ist. Die Anschaffung eines Klassensatzes durch die Fachgruppe Religion ist mit Sicherheit sinnvoll.

[73] Ebert, Andreas (Hg.): Das Kindergesangbuch, München [11]2011.

Bibelhits – 100 Kinderlieder zum Alten und Neuen Testament

Die Liedersammlung »Bibelhits«[74] bietet zu den Haupterzählungen der Bibel einfache Lieder, die sich an recht junge Sängerinnen und Sänger richten, was sich in sehr einfacher Sprache und sehr leichter Melodik niederschlägt. Sicher findet sich hier das ein oder andere passende Lied für den Religionsunterricht in der 5. und 6. Klasse. Gitarrenakkorde sind auch hier vorhanden und es gibt ein CD-Paket mit Versionen zum Mitsingen.

Impulse Musik – Zeit der Freude[75]

Eine sehr wertvolle Unterrichtshilfe stellt dieses Heft mit CD dar. Es ist eine Ergänzung zum gleichnamigen Religionsbuch und bietet eine Vielzahl an musikalischen Kurzeinheiten, die sich mit den Themen Kirchenlied, Liturgie, Kunstmusik, Jugendszene, Weltkirche und Weltreligionen beschäftigen. Kompakte Hintergrundinformationen für Lernende und Lehrende verbinden sich mit motivierenden Aufgabenstellungen und guten Hörbeispielen.

Literatur:

Bubmann, Peter/Klek, Konrad (Hg.): Davon ich singen und sagen will. Die Evangelischen und ihre Lieder, Leipzig 2012

Bücken, Eckart u. a. (Hg.): Bibelhits. 100 Kinderlieder zum Alten und Neuen Testament, Lippstadt 2010

Ebert, Andreas (Hg.), Das Kindergesangbuch, München 2011

Möller, Christian (Hg.), Kirchenlied und Gesangbuch. Quellen zu ihrer Geschichte, Tübingen 2000

Pirner, Manfred L.: Musik und Religion in der Schule, Göttingen 1999

Schmidt, Werner H.: Einführung in das Alte Testament, Berlin ⁵1995

Stalmann, Joachim: Musik beim Evangelium, Hannover 1995

Trutwin, Werner (Hg.): Impulse Musik – Zeit der Freude, Düsseldorf 2003

C.2 Beten. Kreative Zugänge zu Gebetstexten
Eine Unterrichtssequenz für die Jahrgangsstufe 7/8
Daniel Ruf

Theologische Grundlegung

In dieser Unterrichtssequenz sollen Zugänge geschaffen werden, die es Schülerinnen und Schülern der 7. und 8. Klassenstufe ermöglichen, sich einem sehr persönlichen Aspekt von Spiritualität zu nähern. Im Gebet kommen Gedanken, Gefühle und Ansichten zur Sprache, die so direkt – vielleicht auch so treffend – im Unterricht normalerweise nicht ausgesprochen werden. Andererseits sind Schülerinnen und Schüler gerade in der Zeit zwischen etwa 12 und 14 Jahren sehr mit Fragen nach ihrer Rolle in der Gesellschaft beschäftigt und suchen nach Ansprechpartnern, nach Antworten auf die Fragen des Lebens und erproben erste selbst geknüpfte Beziehungen hinsichtlich ihrer Tragfähigkeit. Fragen nach dem Sinn des Lebens und Antworten auf diese Fragen können Schülerinnen und Schüler unter anderem in Gebetstexten finden. Wie aber können Gebetstexte und die Lebenswirklichkeit der Schülerinnen und Schüler miteinander in Austausch treten? Der Weg zu einer didaktischen Leitlinie für dieses Vorhaben führt zunächst zurück in die Vergangenheit.

Auf der Suche nach Antworten war nämlich auch ein Bekannter Martin Luthers, an den der Reformator im Jahr 1535 seine kurze Schrift »Wie man beten soll. Für Meister Peter den Barbier«[76] richtete. In ihr entfaltet Luther einen Lehrgang, der Hinweise für das Wie, Wann und Wo des Gebets gibt, aber es lässt sich aus der Schrift auch eine Theologie des Gebets ableiten. Diese theologischen Grundlegungen sollen auch die hier vorgestellte Sequenz lei-

[74] Bücken, Eckart u. a. (Hg.): Bibelhits – 100 Kinderlieder zum Alten und Neuen Testament, Lippstadt ⁴2010.
[75] Trutwin, Werner (Hg.): Impulse Musik – Zeit der Freude, Düsseldorf 2003.
[76] Luther, Martin: Wie man beten soll. Für Meister Peter den Barbier, hg. von Ulrich Köpf und Peter Zimmerling, Göttingen 2011.

ten[77]. Zunächst einmal ist die »Demokratisierung des Gebets«[78] ein wichtiger Eckpfeiler für Luthers Gebetsverständnis. Ganz im reformatorischen Sinne des Priestertums aller Gläubigen solle auch jedermann Zugang zu Gott haben, unabhängig von Herkunft, Alter und Nationalität. Aus der Schöpfungsgeschichte (genauer: Gen 1,26) leitet Luther zudem ab, dass der Mensch zu einem sprechenden Gegenüber Gottes geschaffen worden sei und es somit ganz der menschlichen Aufgabe entspreche, mit Gott in Kontakt zu treten, mit Gott in einem »ewigen Gespräch«[79] zu bleiben. Sodann charakterisiert Luther das Gebet als eine dialogische Kommunikationsform, die neben der Ansprache des Menschen an Gott stets auch das Reden Gottes zum Menschen beinhalte.[80] Nicht nur die »expressive Seite des Gebets« solle beachtet werden, vielmehr habe jedes Gebet auch ein »rezeptives Moment«[81]. Dieser Empfang der Worte Gottes sei das eigentliche Ziel des Gebets. Hier wird deutlich, dass Luther Gebet als spirituellen Akt und nicht als unbedachtes Aufsagen alter Worte versteht. Im Gebet dürfe, so Luther, alles zur Sprache kommen, was den Beter bewege, und dabei komme es nicht auf wohlgesetzte Worte an, sondern auf die völlige Offenheit und Aufrichtigkeit des Beters: Klage, Bitte, Dank, Lob, Freude und Trauer finden ihren Ort im Gebet.[82] Dennoch empfiehlt Luther, sich zunächst geprägter Worte zu bedienen, um sich auf das weitere, freie Gebet einzustimmen. Er selbst empfiehlt das Unser-Vater-Gebet, das Glaubensbekenntnis und den Dekalog als solche überlieferten Gebete bzw. Texte, zudem nennt er den Psalter als eine Quelle von Gebeten, mit der sich der Beter in die Gemeinschaft der Betenden durch die Zeiten hindurch begebe.[83] Schließlich geht Luther von einer »Gewissheit des Erhörtwerdens«[84] aus, einerseits, weil Gott den gerechtfertigten Menschen hören möge, andererseits, weil Gott gar nicht anders könne, als die Gemeinschaft der Beter zu erhören, die sich in übergroßer Zahl im Unser-Vater-Gebet an ihn wende.[85]

Didaktische Folgerungen

Luthers Theologie des Gebets aus dem Jahr 1535 soll in dieser Sequenz die didaktische Fokussierung bestimmen, da sie einerseits wichtige Anregungen zum Umgang mit Gebeten und zum Gebet selbst gibt, andererseits aber auch in der heutigen Zeit Diskussionsanlässe bietet, die im Unterricht aufgegriffen und bearbeitet werden können.

Leitend für die Sequenz soll die Grundannahme sein, dass *allen* Schülerinnen und Schülern die Möglichkeit gegeben wird, Gebetsformen wahrzunehmen, zu erproben und auszugestalten. Auch die Zweifler und Nichtgläubigen müssen also Möglichkeiten haben, sich zu artikulieren und probehalber mit Gebetsworten, -gesten oder -formen umzugehen, die ihnen fremd sind. Außerdem orientiert sich die Planung an Luthers Empfehlung, zunächst überlieferte Gebetstexte in geprägter Sprache zu bearbeiten, um daraufhin in freier Sprache eigene Gebete zu gestalten und den Umgang mit diesen zu erproben. Schülerinnen und Schüler sind zumeist nicht mit dem freien Beten vertraut, sodass der vorgeschaltete kreative Umgang mit überlieferten Gebeten als Katalysator für die Gestaltung eigener Gebete wirken kann.

Ein anderer zu beleuchtender Aspekt ist die bei Luther so ausgeprägte Sicherheit der Gebetserhörung; hier dürften heutige Schülerinnen und Schüler erheblich kritischer sein als der Reformator. Diese kritische Grundhaltung gegenüber traditioneller Sprache und dem Gebet als Tradition einerseits, die in diesem Alter ausgeprägte Hoffnung, dass Gebete helfen mögen, dass es einen Zuhörer geben mag, der möglicherweise antwortet, andererseits, sollen in der Sequenz breiten Raum finden. Werden Gebete von Gott erhört? Auf dem Weg zu einer Antwort schlägt die Sequenz didaktisch notwendige Haken. Ein direkter Zugriff auf von den Schülerinnen und Schülern gemachte Gebetserfahrungen verbietet sich im schulischen Religionsunterricht, vielmehr kann nur die erfahrungsbezogene Reflexion über probeweise gesprochene Gebete die religiöse Kompetenz der Schülerinnen und Schüler fördern.

[77] Vgl. Zimmerling, Peter: Einleitung, in: Ders./Ulrich Köpf (Hg.): Wie man beten soll. Für Meister Peter den Barbier, Göttingen 2011, 9–36.

[78] Zimmerling, 11.

[79] Zimmerling, 15.

[80] Zimmerling, 15 f.

[81] Ebd.

[82] Zimmerling, 18.

[83] Vgl. Zimmerling, 30 f.

[84] Zimmerling, 20.

[85] Vgl. Zimmerling, 21.

Neben gestalterischen Arbeitsphasen, die Möglichkeiten zum Erproben und Entwerfen von Gebeten bieten, enthält die Sequenz somit auch Phasen der Selbst- und Fremdreflexion, des gemeinsamen Austauschs und des neugierigen Beobachtens.

Unterrichtsziele und geförderte Kompetenzen

Die Schülerinnen und Schüler können …
– erklären, dass sich in biblischen Gebeten Menschen in Dank, Lob, Klage oder Bitte an Gott wenden.
– sich mit den Inhalten und der Sprache biblischer Gebetstexte auseinandersetzen und erläutern, inwieweit diese Texte heutigen Jugendlichen einen Zugang zum Gebet eröffnen können.
– anlassbezogene Gebete mit eigenen Worten kreativ gestalten.
– erläutern, welche (Hoffnungs-)Perspektive sich aus den Gebeten in konkreten Not- oder Glückssituationen ableiten lässt.
– ansatzweise zur These Stellung nehmen, dass Gebet eine dialogische Kommunikationsform zwischen Gott und Mensch sei.

Auf einer höheren Ebene geht es um die Förderung von Kompetenzen, die die KMK in ihren »Einheitlichen Prüfungsanforderungen« für das Abitur benannt hat, die aber, da die Kompetenzentwicklung spiralförmig gedacht ist, auch in den Kerncurricula der jüngeren Jahrgangsstufen[86] benannt sind:
– grundlegende religiöse Ausdrucksformen wahrnehmen und beschreiben (Wahrnehmungskompetenz)
– Sprachformen und Textgattungen der Bibel durch kreative Gestaltung in die eigene Lebenswelt übertragen (Gestaltungskompetenz)
– Grundformen religiöser und biblischer Sprache sowie religiöser und kirchlicher Praxis unterscheiden und deuten (Deutungskompetenz)

Literatur

Claussen, Johann Hinrich: O Gott! Warum und wie wir beten oder auch nicht, München 2008.

Dressler, Bernhard: Darstellung und Mitteilung. Religionsdidaktik nach dem Traditionsabbruch, in: Thomas Klie/Silke Leonhard (Hg.), Schauplatz Religion. Grundzüge einer Performativen Religionspädagogik, Leipzig 2003, 152–165.

Köpf, Ulrich/Zimmerling, Peter (Hg.): Martin Luther, Wie man beten soll. Für Meister Peter den Barbier, Göttingen 2011.

Leonhard, Silke: Gesagt – getan? Körper, Sprache und Performanz im Religionsunterricht, in: Thomas Klie u. a. (Hg.): Performative Religionsdidaktik. Religionsästhetik, Lernorte, Unterrichtspraxis, Stuttgart 2008, 114–129.

Spinner, Kaspar H.: Kreativer Deutschunterricht. Identität, Imagination, Kognition, Seelze ³2008.

Verlaufsplanung und didaktisch-methodische Hinweise

Die Sequenz ist auf sechs Stunden (drei Doppelstunden) angelegt, wobei die Phasen für Gestaltung und Erprobung der Gebete zeitlich großzügig bemessen sind. Den inszenatorischen Rahmen der Auseinandersetzung mit alten und neuen Gebeten bildet ein fiktiver Brief eines Verlages an Schulklassen, in dem diese um Mithilfe bei der Gestaltung einer Gebetssammlung für junge Menschen im Konfirmandenalter gebeten werden. Ein Teil des Buches soll alte biblische Texte präsentieren, denen die heutigen Jugendlichen ihre umgestalteten Fassungen gegenüberstellen, verbunden mit der Frage, ob die Aussagen der alten Gebete heute noch Aktualität besitzen. In einem zweiten Teil sollen anlassbezogene Gebete von jugendlichen Autorinnen und Autoren veröffentlicht werden. Der dritte Teil des Buches schließlich stellt unterschiedliche Statements vor, in denen sich Jugendliche über den Sinn des Betens Gedanken machen. Diese Lernaufgabe, wenn sie auch

[86] Hier sind beispielhaft die niedersächsischen Kompetenzformulierungen genannt: Nds. Kultusministerium (Hg.): Kerncurriculum Ev. Religion für die Integrierte Gesamtschule, Schuljahrgänge 5-10, Hannover 2009, 15 f. – Vgl. Einheitliche Prüfungsanforderungen in der Abiturprüfung. Evangelische Religionslehre. Beschluss der Kultusministerkonferenz vom 01. 12. 1989 i. d. F. vom 16. 11. 2006, 8 f.

fiktiv ist, erzeugt bei Jugendlichen eine hohe Motivation und eröffnet zudem vielfältige, differenzierte Erarbeitungswege, die allesamt die Auseinandersetzung mit alten Gebetstexten, Gebeten in heutiger Sprache und dem eigenen Verhältnis zu Gebeten ermöglichen. Die Lernaufgabe soll vor allem gezielt die Wahrnehmungs- und Gestaltungskompetenz der Schülerinnen und Schüler fördern, dabei aber die einer Lernaufgabe eigene Offenheit bezüglich der Lösungswege bieten. Deswegen stellt die Sequenz bewusst konkrete, handlungs- und produktionsorientierte Arbeitsaufträge zur Verfügung, mithilfe derer die Schülerinnen und Schüler die Aufgabe lösen können. Diese Engführung hinsichtlich der einzuschlagenden Lernwege liegt in der angestrebten Förderung besagter Kompetenzbereiche begründet, jedoch können viele verschiedene kreative Lösungswege eingeschlagen und ausprobiert werden.

1. Doppelstunde: Alte Texte – neu entdeckt

Am Anfang der Unterrichtssequenz steht die Auseinandersetzung mit Gebetstexten, die den Schülerinnen und Schülern teils bekannt, teils fremd sind. In der Bibel finden sich, zumal im Psalter, Gebetstexte aus alter Zeit, deren Sprache auch nach behutsamer Aktualisierung noch ungewohnt und antiquiert wirkt. Dennoch kennen viele Schülerinnen und Schüler zumindest einige Gebetstexte aus unterrichtlichen oder kirchlichen Kontexten. Diese schillernde Beziehung zu Gebeten in geprägter Sprache soll in der Doppelstunde fruchtbar gemacht werden, indem sich die Schülerinnen und Schüler mittels handlungs- und produktionsorientierter Verfahren mit den Gebeten auseinandersetzen und auf diese Weise nicht nur die oberflächliche, oft nicht lebensrelevante Bedeutung der Texte erarbeiten, sondern, beispielsweise durch Verfremdungstechniken, tiefer in die Texte und ihren Bedeutungshorizont vordringen, um die großen Gebetsanlässe in der Bibel herauszuarbeiten: Lob, Dank, Klage und Bitte.

Die erste Doppelstunde beginnt damit, dass die Lehrkraft das fiktive Anschreiben (M2.1) an die Schülerinnen und Schüler auf dem Ta-

geslichtprojektor präsentiert oder als Kopie verteilt. Nach dem gemeinsamen Lesen und Klären von Verständnisfragen besprechen die Schülerinnen und Schüler die Arbeitsschritte, die durch Arbeitsaufträge zwar später gegliedert sind, jedoch fördert es die Selbstverantwortlichkeit der Schülerinnen und Schüler, wenn sie Arbeitsprozesse selbst überblicken und ihr Vorgehen planen.

Im nächsten Schritt legt die Lehrkraft die vorgeschlagenen Gebetstexte aus alter Zeit (M2.3) aus, die zuvor möglichst auf buntem Papier abgedruckt wurden. Die Schülerinnen und Schüler wählen einen Gebetstext aus, der sie spontan besonders anspricht, sie irritiert oder der ihnen negativ auffällt und dadurch einen Anreiz zur Auseinandersetzung bietet. Die Sozialform der nun folgenden Arbeitsphase sollte jede Lehrkraft den Gegebenheiten vor Ort anpassen: Sind Gruppenarbeitsroutinen eingespielt, spricht nichts gegen die Weiterarbeit in Kleingruppen zu maximal vier Personen, jedoch sind es in der Auseinandersetzung mit Gebetstexten gerade Einzelarbeitsphasen in Stille, die inhaltlich zu besonders tiefgehenden Ergebnissen führen, da sich die Schülerinnen und Schüler unbeobachtet fühlen und ihren Gedankengängen freien Lauf lassen können. Wo es räumlich möglich ist, sollte den Schülerinnen und Schülern auch ermöglicht werden, Lernorte oder Lieblingsarbeitsplätze aufzusuchen, da auch dies den kreativ-gestalterischen Lernprozess zu fördern vermag. Die Schülerinnen und Schüler bearbeiten in der folgenden Zeit – etwa 30 Minuten – den Arbeitsauftrag (M 2.2) und kommen danach im Plenum zusammen. Der Arbeitsauftrag stellt zumeist aus dem Literaturunterricht bekannte Möglichkeiten zum kreativen und produktionsorientierten Umgang mit Texten zur Wahl. Die Schülerinnen und Schüler können auf unterschiedliche Art und Weise die Gebetstexte umschreiben, verfremden oder ausgestalten. Diese handlungs- und produktionsorientierten Wege zum Umgang mit Gebeten fördern Gedanken, Ansichten und Meinungen der Schülerinnen und Schüler zu Tage, die sonst eher nicht verlautbar, bzw. in einer rein kognitiv-analytisch angelegten Vorgehensweise untergehen würden. So gelingt ein Einblick in die Gedankenwelt der Schülerinnen und Schüler, der jedoch andererseits den Rollenschutz aufrechterhält und eine spätere Distanzierung vor der Gruppe ermöglicht. Zudem enthalten die zur Wahl stehenden Methoden niveaudifferenzierende Momente, da sie eine Anforderungsbreite zwischen Nacherzählung und Deutung bieten.

Die zur Ergebnissicherung und Präsentation konzipierte Phase sollte als »Redaktionskonferenz« inszeniert werden, zum Beispiel an einem runden Tisch oder im Sitzkreis. Zur Gesprächsleitung sollte ein »Chefredakteur« gewählt werden, der die folgende Runde leitet und moderiert. Die Arbeitsergebnisse werden zunächst ausgelegt und den Schülerinnen und Schülern wird Gelegenheit gegeben, sich einen kurzen Überblick über die entstandenen Texte und Gestaltungen zu schaffen. Danach präsentieren einige Schülerinnen und Schüler ihre gestalteten Texte und teilen auch ihre Ansichten hinsichtlich der »Brauchbarkeit« des Gebets mit. Hier sollte die Lehrkraft besonders wachsam sein, da sich in dieser Phase oft spontan Gesprächsanlässe ergeben, die die persönlichen Ansichten zum Gebet und dem Akt des Betens selbst reflektieren können. Auch können hier die Gebetsgattungen Klage, Lob, Bitte und Dank benannt und exemplarisch erläutert werden.

Abschließend sollten sich die Schülerinnen und Schüler auf drei Texte, Illustrationen oder andere Gestaltungen einigen, die sie *inhaltlich* für besonders gelungen halten und ihre Wahl begründen. Aus diesen Begründungen kann ein vertiefendes Fazit hinsichtlich der ersten Fragestellung der Unterrichtssequenz erwachsen: Sind alte Gebetstexte heute noch aktuell? Sprechen sie Jugendliche heute noch an, haben sie ihnen etwas zu sagen? Da die Antworten hierauf auch den fiktiven Verlag interessieren, sollten die Beiträge der Schülerinnen und Schüler mitprotokolliert werden, um sie am Ende der Sequenz wieder aufgreifen zu können.

2. Doppelstunde: Wenn einem die Worte fehlen: Jugendliche gestalten Gebetstexte

In der zweiten Doppelstunde steht das Verfassen eigener Gebetstexte und deren weitere künstlerisch-kreative Ausgestaltung im Mittelpunkt. Nachdem die Schülerinnen und Schüler sich in der vergangenen Doppelstunde Gebetstexten in alter Sprache zugewandt hatten, sollen sie sich in dieser Doppelstunde ihrer eigenen Erfahrungswelt und ihrer persönlichen Sprache bedienen, um zu verschiedenen Anlässen passende Gebetsworte zu finden. Hierbei können sie sich natürlich auch am Sprachschatz der geprägten Worte aus alter Zeit bedienen, so sie dies für angemessen halten. Wünschenswert – und didaktisch den Zielen des Lernarrangements zuträglich – wäre es allerdings, wenn sich die Schülerinnen und Schüler trauen, so zu schreiben, wie sie Gott wirklich ansprechen würden bzw. auf die Art, nach der sie sich eine Antwort Gottes erhoffen. Ob dies respektvoll, distanziert oder auf eine eher »kumpelhafte« Art und Weise geschieht, bleibt jedem selbst überlassen.

Die Lehrkraft legt zu Beginn der Doppelstunde noch einmal das Verlagsanschreiben (M 2.1) auf und zeigt auf, an welchem Punkt in dieser Stunde weitergearbeitet werden soll. Dann präsentiert die Lehrkraft die unterschiedlichen Gebetsanlässe (M 2.4) und stellt sie den Schülerinnen und Schülern zur Wahl. Wichtiger als die Verteilung aller Gebetsanlässe ist es, dass die Schülerinnen und Schüler zu einem Gebetsanlass schreiben und gestalten, der ihnen – aus welchem Grund auch immer – etwas bedeutet. Eine persönliche Involviertheit in den Text bzw. seine Aussagen fördert die Kreativität der Schülerinnen und Schüler und sie sind zu einer intensiveren und weiterführenden Arbeit mit dem Text in der Lage.

Nun beginnt die Arbeitsphase, deren Länge von der Kreativität der Schülerinnen und Schüler abhängig ist. Mindestens 30 Minuten sollten jedoch gegeben werden, um mit dem Arbeitsauftrag M 2.5 zurechtzukommen. Dies ist realistisch, da oftmals erste Versuche verworfen oder zunächst Wörtersammlungen erstellt werden. Zudem fördert eine großzügige Zeitvorgabe eher das Schreiben als eine Mindestlänge in Zeilen. Bedacht werden muss zudem, dass die künstlerische Weiterarbeit am Gebetstext ebenfalls Zeit braucht und keineswegs Beiwerk zum Text ist, sondern genauso zur Förderung der Gestaltungskompetenz beiträgt wie der kreative Umgang mit Worten. Da vom »Verlag« auch Illustrationen durch Bilder und Fotographien gefordert werden, ist es neben der grafischen Ausgestaltung des Gebets auch möglich, ein Standbild oder eine Statue zu bauen und diese fotographisch festzuhalten. Sollte es in der Schule ein Motiv geben, das sich zur Illustration des Gebets eignet, sollte dieses Motiv auch festgehalten werden. In dieser Arbeitsphase wäre Kleingruppenarbeit ebenfalls denk- bar, jedoch empfiehlt sich eher Einzelarbeit an Lieblingsorten. Die Lehrkraft sollte möglichst wenig in den Gestaltungsprozess eingreifen und nur beratend zur Seite stehen, wenn einzelne Schülerinnen und Schüler dies signalisieren.

Die anschließende Präsentationsphase kann wiederum als Redaktionskonferenz geschehen oder – als Inszenierung in der Inszenierung – als Galeriegang. Zunächst besucht die eine Hälfte der Lerngruppe die Ausstellung der anderen Hälfte, dann umgekehrt. Die Schülerinnen und Schüler können sich so Fragen stellen und beantworten, auf die sie im Plenum möglicherweise nicht eingehen würden. Eine solche geschützte Präsentationsatmosphäre trägt der Tatsache Rechnung, dass es sich bei den gezeigten Gebeten um Eigenproduktionen, vielleicht sogar um künstlerische Miniaturen handelt. Die Präsentation sollte dennoch in eine Redaktionskonferenz münden, in der folgende Impulse weiterführen: »Begründet bitte, ob und warum ihr Gebete in heutiger Sprache ansprechender findet. Benennt Worte oder Gedanken, die auch in Gebeten aus alter Zeit zu finden sind.«

Diese vertiefenden Fragen können in der letzten Doppelstunde wieder aufgegriffen werden und sollten deswegen wiederum fixiert werden.

3. Doppelstunde: Und was passiert nach dem Amen? – Auf der Suche nach Antworten

In der abschließenden Doppelstunde soll es um die von Luther als dialogisch charakterisierte Gebetskommunikation gehen, also um die Frage, ob Gott zuhört, wenn Menschen beten, und ob er auch antwortet. Auf der Grundlage der erarbeiteten Gebete werden die Schülerinnen und Schüler versuchen, eine Antwort auf diese Frage zu finden. Altergemäß kann diese Antwort nicht detailliert und theologisch fundiert ausfallen, sondern wird von eigenen Erfahrungen und Hoffnungen geprägt sein. Diese ernst zu nehmen, ohne die Schülerinnen und Schüler bloßzustellen, ist die pädagogische Herausforderung der Doppelstunde.

Als Einstieg dient der Hinweis auf den dritten Teil des Buches (M 2.1), das der Verlag zu veröffentlichen gedenkt. In ihm sollen Meinungen, Hoffnungen und Zweifel Jugendlicher zum Gebet veröffentlicht werden, insbesondere im Hinblick auf die Fragen: Hört mich Gott überhaupt? Antwortet Gott, und wenn ja: wie? Sodann werden alle gestalteten Gebete auf Tischen gesammelt und die Schülerinnen und Schüler suchen sich ein Gebet ihrer Wahl aus, ein selbst verfasstes oder eines, das von einer Mitschülerin oder einem Mitschüler gestaltet wurde. In der kommenden Arbeitsphase sollen die Schülerinnen und Schüler ihr ausgesuchtes Gebet probeweise sprechen, indem sie verschiedene Vortragsweisen des Gebets ausprobieren (M 2.6) und darauf achten, welche Vortragsweise ihnen für das ausgewählte Gebet passend erscheint. Außerdem sollen sie sich – gemäß Arbeitsauftrag – Gedanken darüber machen, welche Antwort sie sich erhoffen würden und wie diese »übermittelt« werden könnte. Zu dieser Erprobung dürfen die Schülerinnen und Schüler wiederum einen Platz aufsuchen, an dem sie sich unbeobachtet fühlen, um frei agieren zu können. 15 bis 20 Minuten erscheinen hier als ausreichende Arbeitszeit. Anschließend treffen sich die Schülerinnen und Schüler in Kleingruppen, die sie nach Neigung wählen, um sich über ihre Erfahrungen in der Gebetserprobung und ihre Meinungen hinsichtlich einer Antwort auszutauschen. Die

Lehrkraft sollte sich hier weitgehend zurückhalten, da die gemachten Erfahrungen persönlich und auch nicht primär für den Fortgang des Unterrichts dienlich sind, wohl aber der Erweiterung der Erfahrungshorizonte der Schülerinnen und Schüler. Nach dieser bis zu zehnminütigen Austauschphase gehen die Schülerinnen und Schüler zurück an ihre Plätze.

Die Lehrkraft präsentiert nun die verschiedenen Statements anderer Jugendlicher zu den Fragen »Hört jemand mein Gebet?«, »Antwortet da jemand?« und »Hilft ein Gebet?« (M 2.7). Diese ermöglichen es den Schülerinnen und Schülern, ihre Ansichten zu artikulieren, indem sie sich zu einem vorgegebenen Statement verhalten, sich also anschließen oder opponieren und ihre Meinung begründen. Da sich unter den Statements auch zwei befinden, die in der Sprache Jugendlicher den dialogischen Charakter der Gebetskommunikation bejahen, setzen sich die Schülerinnen und Schüler mit der These Luthers implizit auseinander, wobei ihnen auch anders ausfallende Deutungsmöglichkeiten angeboten werden. Wenn es möglich ist, sollte diese Phase als Klassendiskussion durchgeführt werden, in der sich die Schülerinnen und Schüler nach ihren Möglichkeiten aufeinander beziehen. Während der Diskussion können die Ergebnisse der beiden vorhergehenden Doppelstunden als Gesprächsimpulse eingebracht werden, beispielsweise als Erinnerung an gemachte Erfahrungen mit alten und neuen Gebeten oder als kontroverse bzw. unterstützende Aspekte. Schließlich lautet der letzte Schreibauftrag: Erläutere, ob deiner Meinung nach Gott Gebete hört und auf sie antwortet. Die Schülerinnen und Schüler können sich dabei auf die gegebenen Statements beziehen, ihre Diskussionsbeiträge verschriftlichen oder frei formulieren. In die Texte können die gerade gemachten Erfahrungen mit dem erprobenden Sprechen eines Gebets in die Schlussbetrachtungen der Schülerinnen und Schüler einfließen.

Ideenecke

– Naheliegend, wenn auch zeitaufwändig, wäre das Erstellen eines Buches, wie es der fiktive Verlag herausgeben möchte. Ob alle oder ausgewählte Beiträge in das Buch einfließen, bleibt der Lehrkraft überlassen. Sicher müsste das Buch der Dreiteilung 1. alte Gebete neu bedacht – 2. Gebete von uns – 3. Hört jemand unsere Gebete? – folgen, um alle behandelten Aspekte zu dokumentieren. Eine reine Gebetssammlung wäre nicht der didaktischen Linie der Unterrichtssequenz entsprechend.

– Beim kreativen Umgang mit den Gebeten sind natürlich noch unzählige andere handlungs- und produktionsorientierte Verfahren denkbar und wünschenswert. Je differenzierter das Angebot auf die Lerngruppe und ihre Fähigkeiten abgestimmt ist, desto intensiver werden sich die Schülerinnen und Schüler einbringen.

– Oft belächelt, aber gerade für Jungen eine echte Alternative, ist der Einsatz von Knetmasse als Medium, um auch haptischen Lernertypen einen kreativen, illustrierenden Umgang mit Texten zu ermöglichen.

– Technisch versierte Kolleginnen und Kollegen bzw. Schülerinnen und Schüler könnten die entstandenen Produkte im Internet präsentieren. Leserinnen und Leser sollten die Möglichkeit haben, Kommentare zu hinterlassen, die in einen Wiederaufgriff der Thematik zu einem späteren Zeitpunkt einfließen können.

– Die Schülerinnen und Schüler könnten ihre Gebete in einem Kirchenraum vortragen oder dort eine Ausstellung organisieren, die auch Gottesdienstbesuchern einen Einblick in Gebete heutiger Jugendlicher gewährt.

– Die Schülerinnen und Schüler schreiben in den kommenden Wochen zu Beginn der Religionsstunde ein »Prayer of the day«: In aller Kürze bringen die Schülerinnen und Schüler auf den Punkt, was sie Gott sagen wollen, was ihnen auf der Seele liegt, wofür sie dankbar sind.

– Schülerinnen und Schüler anderer Glaubensrichtungen bringen Gebete aus ihren Traditionen mit und nehmen auf diese Bezug.

Möglichkeiten zur Kompetenzüberprüfung

Es würde der kreativ-gestalterischen Anlage der Sequenz zuwiderlaufen, wenn am Ende eine schriftliche Leistungsüberprüfung stehen würde. Der Kompetenzzuwachs ließe sich dennoch beobachten und auch auf unterschiedlichen Anforderungsniveaus messen:
Der Lernsituation gemäß könnte der fiktive Verlag eine Andruckseite mit drei Gebeten in Jugendsprache zusenden, die den Schülerinnen und Schülern zur Redaktion vorgelegt werden. Es bieten sich Gebete an, die während der Sequenz entstanden sind.

– Die Schülerinnen und Schüler ordnen die Gebete einer Großgattung zu und begründen ihre Einordnung.
– Sie wählen ein Gebet aus und erläutern, warum Jugendliche sich von diesem Gebet angesprochen fühlen könnten; sie entwerfen eine dem Gebet vorausgehende Entstehungssituation, die in ihrem Erfahrungshorizont liegt, z. B. als Geschichte oder Dialog.
– Sie schreiben ein Gebet so um, dass Jugendliche sich mit ihm identifizieren können und begründen ihre Umgestaltung.
– Sie gestalten ein Gebet in einem zum Gebetsanlass passenden Vortrag aus und erklären ihre Gestaltung.

Weiterführende Literatur:

Baldermann, Ingo: Wer hört mein Weinen? Kinder entdecken sich selbst in den Psalmen, Neukirchen-Vluyn ⁸2006.

Berg, Horst-Klaus/Berg, Sigrid: Wach auf meine Seele. Mit Psalmen das Leben entdecken, München/Stuttgart 2003.

Ostmeyer, Karl-Heinrich: Kommunikation mit Christus. Sprache und Theologie des Gebets im Neuen Testament (Wissenschaftliche Untersuchungen zum Neuen Testament 197), Tübingen 2006.

[87] Jens Martin Sautter: Spiritualität lernen. Glaubenskurse als Einführung in die Gestalt christlichen Glaubens, BEG 2, Neukirchen-Vluyn 2005, S. 296.
[88] Ebd.
[89] Peter Müller: Schlüssel, Impulse, Themenkreise. Aspekte einer zeitgemäßen Bibeldidaktik, in: Loccumer Pelikan 1/2011, S. 3–8, hier: S. 6.

C.3 Hören – Lesen – Studieren. Wege kreativer Bibelerschließung

Eine Unterrichtssequenz für die Jahrgangsstufe 9/10

Florian Dinger

In einem Band, der sich mit Spiritualität im evangelischen Religionsunterricht beschäftigt, sind Überlegungen zur Begegnung mit der Bibel unverzichtbar. Ohne das kognitive Nach*denken* und auch ein eher emotionales Nach*sinnen* über das gehörte oder gelesene Wort ist eine evangelische Spiritualität kaum denkbar. Die Bibel ist nicht nur »zentrale Quelle und Kriterium christlicher Lehre«[87], sondern hat selbstverständlich auch »eine zentrale Bedeutung«[88] in den vielgestaltigen Formen christlicher Spiritualität, von der gottesdienstlichen Liturgie in der Öffentlichkeit der Gemeinde bis zur individuellen Wortmeditation in der Stille des eigenen Schlafzimmers.

Doch ist damit auch eine Bedeutsamkeit des Themas für die Schülerinnen und Schüler eines neunten oder zehnten Jahrgangs begründet? Hier ist zunächst weitaus größere Zurückhaltung angebracht, zählen doch weder die Lektüre der Bibel noch die Ausübung von Spiritualität zu vertrauten Lebensbereichen der meist 14- bis 16-jährigen Lernenden dieser Jahrgangsstufen. Die Autoren besonders der bibeldidaktischen Literatur werden nicht müde, im Kontext des Traditionsabbruches einen Relevanzverlust der Bibel in der Lebenswelt der Jugendlichen dieser Altersstufe zu konstatieren. Vielen Jugendlichen begegne das »Buch der Bücher« heute eher als »Buch mit sieben Siegeln«[89], dessen Erfahrungswelten den Jugendlichen nicht nur häufig verschlossen blieben, sondern dessen unterrichtliche Thematisierung als solche ihnen immer weniger plausibel erscheine. Den Schülerinnen und Schülern ein Gespür dafür nahezubringen, dass demgegenüber das Hören, Lesen und Studieren des biblischen Wortes anschauliche und an ihren ureigenen Fragen orientierte Lernchancen bereitstellen, ja, für sie auch abgesehen von der Schule aus einer Vielzahl von guten Gründen von Bedeutung sein können, ist eines der Fernziele der hier geplanten Unterrichtseinheit.

Um dies zu ermöglichen, muss die unterrichtliche Begegnung mit der Bibel in einer Weise geschehen, in der die Lernenden mit ihren Themen und Fragen konsequent als Subjekte im Zentrum stehen und sie offen ihren Eindrücken und Ideen in einer ihnen gemäßen und je unterschiedlichen Weise Gestalt verleihen können. Wenn christliche Spiritualität nach Dahlgrün die beiden Bereiche der »Beziehung zwischen Gott [...] und Mensch« sowie der »Gestaltung dieser Beziehung im Lebensverlauf durch den Menschen«[90] umfasst, dann weist sie ein spezifisch dialogisches Moment auf, das auch im Lernen mit der Bibel einen Anknüpfungspunkt für die Anfragen und Nachfragen der Jugendlichen bieten könnte. In diesem Sinne versucht die hier ausgearbeitete Sequenz ein *Gespräch* zwischen den Schülerinnen und Schülern als Rezipienten und der Bibel als Text zu evozieren. Dabei sollte den Unterrichtenden von vornherein klar sein, dass sich solch ein dialogischer Prozess in seinem Verlauf der didaktischen Verfügbarkeit entzieht. Sein Ausgang darf und muss offen bleiben.

Didaktische Leitlinien und methodische Konsequenzen

Die im Titel formulierte Dreiteilung der Begegnung mit der Bibel in »Hören – Lesen – Studieren« markiert verschiedene Ebenen, auf denen ein Text wahrgenommen und erarbeitet werden kann. Das Hören, Lesen und Studieren strukturiert in dieser Reihenfolge auch den Sequenzablauf: Zu jeder Ebene der Annäherung wird ein eigener Lernbaustein vorgeschlagen, der jeweils nicht nur auf eine kognitive Erarbeitung der biblischen Textgrundlagen zielt, sondern darüber hinaus zum Nachdenken über die einzelnen Annäherungsschritte als solche anregen soll. Hinter dieser Vorgehensweise verbirgt sich ein Plädoyer für eine didaktisch gebotene Verlangsamung des Unterrichtsgeschehens gerade in der Bibeldidaktik. Das Hören des Wortes als erste Begegnung, als Moment des aufmerksamen Wahrnehmens, das Lesen als Sich-Einlassen auf den Wortlaut des Textes und seine

Inhalte sowie womöglich die temporäre Aufnahme der darin präsentierten Identifikationspotenziale, und schließlich das Studieren als vertiefte eigene Auseinandersetzung mit selbst zu wählenden Schwerpunkten prägen dabei die didaktischen Leitlinien.

In der Auswahl der biblischen Schriften ist gerade aufgrund der hervorgehobenen Bedeutung von je eigenen Zugängen in den hier geplanten Lernarrangements auf das Eröffnen von Bezügen hinsichtlich der Lebenswelt besonders zu achten. Etwa in der Entscheidung für einen klanglich zu inszenierenden Psalm (siehe Baustein 1: Hören) oder ein Gleichnis im Bibliolog (siehe Baustein 2: Lesen) empfiehlt sich daher das aufmerksame Berücksichtigen eventueller Vorlieben, Abneigungen oder Fragehaltungen der Schülerinnen und Schüler sowie ggf. eine Veränderung der Textauswahl.

Methodisch überwiegen entsprechend der programmatischen Formulierung im Sequenztitel handlungsorientierte Arbeitsweisen, die eine möglichst unmittelbare, direkte Begegnung mit der Bibel ermöglichen. Während im ersten Baustein noch eine behutsame erste Annäherung in Form einer einfachen Wortmeditation im Kirchenraum stattfindet, erfordern der Bibliolog und die szenische Interpretation (vgl. Baustein 2) als performative Wege der gemeinsamen Bibellektüre ein aktives Eintauchen der Jugendlichen in die Geschehnisse der Textwelten. Sowohl das Gleichnis von den Arbeitern im Weinberg (Mt 20,1–16) als auch die Heilung des Bartimäus (Mk 10,46–52) bieten dabei eine derart hohe Dichte an Anknüpfungspunkten für die Imagination der Schülerinnen und Schüler, dass sie schnell auch in performativ ungeübten Lerngruppen zu anspruchsvollen Interpretationsergebnissen führen können.

Im vertiefenden Zugang des Bausteins »Studieren« können sich die Jugendlichen schließlich sowohl die biblische Textgrundlage als auch die zu festigende Methode selbst aussuchen. Ein solches Vorgehen erweist sich erfahrungsgemäß nicht nur mit Blick auf die Steigerung von Interesse und Eigenverantwortlichkeit als funktional, sondern erhöht auch die Chancen des Einzelnen, einen für sie

---

[90] Corinna Dahlgrün: Christliche Spiritualität. Formen und Traditionen der Suche nach Gott, Berlin 2009, S. 3f.

41

oder ihn relevanten, ansprechenden oder spannenden Text zu finden, über den das Nachdenken als lohnend empfunden wird. Hier bietet sich im Sinne einer konsequenten Binnendifferenzierung nicht nur das Bereitstellen von Arbeitsimpulsen in unterschiedlichen Leistungsniveaus an, sondern auch das Berücksichtigen unterschiedlicher Lerntypen. Ob eher kreativ oder analytisch, eher kognitiv oder emotional vorgegangen werden soll – die Schülerinnen und Schüler haben an dieser Stelle zwischen höchst unterschiedlichen Aufgabenarten die Wahl.

Im Erfolgsfall kann dann diese Sequenz sogar eine Sensibilisierung für das biblische Wort selbst unterstützen. Indem sie die Bibel als Buch thematisiert, das alltägliche und äußerst vieldeutige Erfahrungen von Menschen vor dem Hintergrund der Gotteserfahrung reflektiert, eröffnet sich im Unterrichtsverlauf auch die Perspektive, dass diese Texte das Potenzial beinhalten, sich im Hier und Jetzt der Schülerinnen und Schüler als relevante Ressource zur Selbst- und Weltdeutung zu erweisen.

Dennoch gilt es, mit den beiden katholischen Religionspädagogen Boschki und Woppowa eine wichtige Einschränkung zu betonen: Es geht auch in der hier versuchten unmittelbaren Berührung mit biblischen Texten nicht um eine affirmative »Übernahme vorgegebener Elemente von Spiritualität aus der Tradition, sondern um kritisch-konstruktive Auseinandersetzung.«[91]

Kompetenzen

Die Lernbausteine legen in chronologischer Reihenfolge Schwerpunkte auf die Förderung der folgenden Kompetenzen[92]:

Baustein 1
(Hören): Wahrnehmungskompetenz – grundlegende religiöse Ausdrucksformen wahrnehmen und beschreiben.

Baustein 2
(Lesen): Gestaltungskompetenz – Formen religiöser und biblischer Sprache sowie individueller und kirchlicher Praxis von Religion gestalterisch Ausdruck verleihen.

Baustein 3
(Studieren): Deutungskompetenz – Grundformen religiöser und biblischer Sprache sowie individueller und kirchlicher Praxis kennen und deuten.

Lernziele

Die Schülerinnen und Schüler können …

– erläutern, dass in der Bibel alltägliche und vieldeutige Erfahrung von Menschen vor dem Hintergrund ihrer Gotteserfahrung reflektiert wird.
– den Kirchenraum als Ort des Hörens des biblischen Wortes beschreiben und zentrale Aspekte der Bedeutung des Wortes im evangelischen Gottesdienst benennen (z. B. aufgeschlagene Bibel auf dem Altar; Auslegung des Wortes vom hervorgehobenen Ort der Kanzel; Häufigkeit und Stellenwert von Bibellesungen usw.).
– erklären, dass in den Psalmen Gebete in gebundener Sprache begegnen, in denen sich Menschen in Dank, Lob, Klage oder Bitte an Gott wenden.
– am Beispiel des Gleichnisses von den Arbeitern im Weinberg (Mt 20,1–16) darstellen, dass Gottes Gerechtigkeit sich nicht in modernen Vorstellungen von Fairness erschöpft und Kategorien der heute erlebbaren Leistungsgesellschaft in Frage stellt.
– die Geschichte von der Heilung des Bartimäus (Mk 10,46–52) als hoffnungsvolle und lebensbejahende Botschaft interpretieren sowie eigene Vorstellungen von Wundern zu dieser Geschichte in Beziehung setzen.
– Intentionen und mögliche Vorgehensweisen einer vertieften Beschäftigung mit der Bibel skizzieren sowie Chancen und Grenzen einer selbst gewählten Texterschließungsmethode (z.B. Aktualisierung, Gattungsana-

[91] Reinhold Boschki und Jan Woppowa: Kann man Spiritualität didaktisieren? Bildungstheoretische und beziehungsorientierte Grundlegungen spirituellen Lehrens und Lernens, in: Stefan Altmeyer u. a. (Hg.): Christliche Spiritualität lehren, lernen und leben, FS Gottfried Bitter, Göttingen 2006, S. 67–84, hier: S. 72.
[92] Die Formulierungen entstammen dem Kerncurriculum Evangelische Religion des Landes Niedersachsen für die Sekundarstufe I von 2009. (Im Internet einsehbar unter: http://db2.nibis.de/1db/cuvo/datei/kc_evrel_gym_i.pdf [zuletzt eingesehen am 03.09.2012])

lyse, Internetrecherche) an einem Beispieltext erläutern.

Literatur

Berg, Sigrid / Berg, Horst-Klaus: Wach auf, meine Seele. Mit Psalmen das Leben entdecken, Stuttgart 2003.

Pitzele, Peter: Scripture Windows. Toward a Practice of Bibliodrama, Los Angeles 1998.

Scheller, Ingo: Szenische Interpretation. Theorie eines handlungs- und erfahrungsbezoge-

nen Literaturunterrichts in Sekundarstufe I und II, 3. Auflage, Seelze 2010.

Theißen, Gerd: Zur Bibel motivieren. Aufgaben, Inhalte und Methoden einer offenen Bibeldidaktik, Gütersloh 2003.

Zimmermann, Mirjam / Zimmermann, Ruben: ›Hermeneutische Kompetenz‹ und Bibeldidaktik. Durch Unverständnis der Bibel das Verstehen lernen, in: Glaube und Lernen 20/1 (2005), S. 72–87.

Der Ablauf der Unterrichtseinheit

Sequenzplan

	Stunde/Thema	Methoden/Medien
Baustein 1: **Hören**	1. Stunde: *»Im Anfang war das Wort« (Joh 1,1)* – das Bibelwort im Kirchenraum hören	Kirchenraumbegehung/ Repräsentative Bibelausgabe (Altar); Joh 1,1–3.14–17
	2. Stunde: *»Ich habe mich müde geschrien, mein Hals ist heiser« (Ps 69,4)* – einen Psalm zum Klingen bringen	Psalminszenierung/ Bibelausgaben; Placemats; Leitfragen für das Hören von Psalmen; Psalmen 23, 57, 69, 88
Baustein 2: **Lesen**	3. Stunde: *»Der hält sich wohl für eine Art Gott«*[93] – eine bibliologische Annäherung an die kontroverse Gerechtigkeit in Mt 20,1–16	Bibliolog/ Bibel mit Bibliolog zu Mt 20,1–16
	4./5. Stunde: *»Dein Glaube hat dir geholfen«* – die Heilung des Bartimäus als Hoffnungsgeschichte	Szenische Interpretation/ Fantasiereise, Rollenbiografien, Mk 10,46–52
Baustein 3: **Studieren**	6.–8. Stunde: *Projektminiatur* – auf eigenen Lernwegen die Bibel studieren	Binnendifferenzierte Texterschließungsmethoden Foto: Lutherstube; Bibelausgaben; Text- und Methodenvorschläge

[93] Äußerung einer Schülerin, während eines Bibliologs zu Mt 20, 1–16 im Rahmen einer biblischen Lesenacht am Grotefend-Gymnasium in Hann. Münden.

Baustein 1: Hören

1. Stunde: *»Im Anfang war das Wort«*
(Joh 1,1) – das biblische Wort im
Kirchenraum hören

Hinführung

Der Einstieg in die Sequenz erfolgt über die gemeinsame Begehung eines Kirchenraumes als einer Reise hin zum genuinen Ort des Hörens auf das biblische Wort. Durch diesen Zugang können die Schülerinnen und Schüler gleich zu Beginn lernen, dass der Bibel ihre Bedeutung nicht anfänglich aufgrund einer »theoretischen«, inhaltlich-kognitiven Beschäftigung mit ihren Inhalten zugeschrieben wurde, sondern dass ihr ursprünglich und vor ihrer kulturhermeneutischen Relevanz ein zentraler Ort in der Frömmigkeitspraxis des gelebten Christentums zukommt. Der Dreischritt des Sequenztitels sollte schon vorab den Schülerinnen und Schülern bekannt sein, um die Kirchenraumbegehung deutlich mit dem Begriff »Hören« als erstem Schritt zur Begegnung mit der Bibel zu verbinden.

Stundenablauf

Auf eine konkrete Bearbeitungsaufgabe etwa in Form eines »Laufzettels« soll im Kirchenraum bewusst verzichtet werden, um den Fokus hier ganz auf die unmittelbaren Wahrnehmungen des Raumes, der Atmosphäre und der darin befindlichen Gegenstände zu konzentrieren. In diesem Sinne beginnt die Begehung mit einer *Stilleübung,* in der sich die Jugendlichen mindestens fünf Minuten – in der Stille eine ziemlich lange Zeit – frei in der Kirche bewegen und auffällige Besonderheiten des Raumes bewusst wahrnehmen. Es empfiehlt sich die Auswahl eines möglichst nicht zu »überfrachteten« Kirchenbaus, dessen Raumstruktur eine klare Ausrichtung auf den Altar und die darauf aufgeschlagene Bibel (vorher überprüfen!) aufweist. Auch auf der Kanzel sollte eine Bibel vorhanden sein. Nach der Stilleübung werden in Form eines *Blitzlichts* erste Eindrücke zunächst unkommentiert gesammelt und erst dann auffällige Bestandteile des Raumes ausführlich beschrieben. Man kann im Anschluss an die Beschreibungen auch den

konkreten Suchauftrag formulieren, wo überall in der Kirche das Wort eine Rolle spielt, um so ggf. auch auf die Kanzel, das Taufbecken usw. zu sprechen zu kommen.

Im zweiten Schritt werden die Jugendlichen selbst zu Zuhörenden, wenn sie in Form einer kurzen *Wortmeditation* einen Teil des Johannesprologs vernehmen. Hierzu erhalten drei oder vier Teilnehmer der Lerngruppe vor der Stunde die Hausaufgabe, den Textauszug (M 3.1) zu lesen und den Vortrag in deutlicher Artikulation zu üben. Man kann hier vielleicht auf Schülerinnen und Schüler zurückgreifen, die in der Theater-AG der Schule aktiv sind oder das Fach Darstellendes Spiel belegt haben. Die Vortragenden können sich dann einen Platz im Kirchenraum aussuchen, von dem sie die Johannesverse laut sprechen – hier ruhig zum Ausprobieren motivieren (Kanzel, Altarraum, Orgelempore, Eingangsbereich usf.) –, während sich ihre Mitschülerinnen und Mitschüler auf zwei verschiedene Aspekte konzentrieren: Die eine Hälfte der Lerngruppe achtet in erster Linie auf die Wirkung, die andere auf die inhaltliche Bedeutung der gehörten Worte. Die Zuteilung zur jeweiligen Gruppe soll dabei im Verlauf der Vorträge wechseln. So können im anschließenden *Unterrichtsgespräch* die Eindrücke während der Hörerfahrung mit ersten Textdeutungen zusammengeführt werden. Dabei zielt diese Gesprächsphase nicht auf eine vollständige Interpretation des komplexen Johannesprologs, sondern auf eine Verknüpfung der hervorgehobenen Bedeutung des Wortes in Kirche und Schrift. Auch in der Bibel, so könnte ein Ergebnis lauten, wird an prominenter Stelle von dem »Wort« gesprochen, das hier sogar »am Anfang« steht und schließlich zu den Menschen auf die Erde kommt.

Sofern noch Zeit zur Verfügung steht, kann ein vertiefender Impuls an dieser Stelle bereits die Verbindung Wort der Bibel und Worte bzw. Geschichten von Jesus thematisieren, wobei dies nur bei entsprechendem Vorwissen weiterführt. Unverzichtbar ist allerdings eine abschließende Reflexion des meditativen Zugangs über das mehrmalige Zuhören. Die Schülerinnen und Schüler müssen am Schluss der Stunde ausreichend Möglichkeit bekommen, sich noch in der Großgruppe auf einer Metaebene über ihre Erfahrungen mit der Bibel in dieser ungewohnten Lernsituation auszutauschen.

2. Stunde: »*Ich habe mich müde geschrien, mein Hals ist heiser*« (Ps 69,4) – einen Psalm zum Klingen bringen

Hinführung

Die zweite Stunde vertieft den Baustein »Hören«. Die Jugendlichen werden nun selbst gestaltend tätig, indem sie ihren Mitschülerinnen und Mitschülern einen Psalm »ins Ohr« bringen. Dazu steht eine Auswahl an Psalm-Texten zur Verfügung (M 3.2–3.5), in denen jeweils sehr unterschiedliche Grunderfahrungen zur Sprache kommen: In Psalm 57,8–12 steht das Loben Gottes im Zentrum. Der Dichter fordert sich darin selbst dazu auf, ein Lied der Freude anzustimmen. So wird deutlich, dass er sich »geborgen im Zusammenhang der Güte Gottes [weiß], die keine Grenzen kennt.«[94] Auch in Psalm 23 klingen Elemente von Lob und Dank an. Hier spricht der Beter jedoch in ausdrucksstarken Bildern mehr ein sehr persönliches, geradezu intimes Vertrauen aus (z. B. »er weidet mich«; »er führt mich«, »dein Stecken und Stab trösten mich«). Durch die Nähe zu dem göttlichen Hirten weiß sich der Beter wohlbehütet, trotz der Bedrohung durch äußere Gefahren (V.4) und Feinde (V.5). Ganz anders die Grundstimmung in Psalm 69: Der Hilferuf und die Schilderung der Not und Bedrängnis wirken verzweifelt, das Flehen verzagt, angstvoll und ohne Zuversicht. Während jedoch Psalm 69 am Schluss – im Schülermaterial aufgrund der Länge ausgespart – trotzdem noch in der gattungsgemäßen Struktur der Klagelieder schließlich zum Loben Gottes fortschreitet, bewegt sich der Beter von Psalm 88 zwischen verzweifelter Anklage und Resignation. Geradezu erdrückend wirken hier das Leid und die Einsamkeit, die keinen Raum für Hoffnung lassen.

Insofern bilden die hier gewählten Textauszüge ein breites Spektrum zwischen Lob und Dank, Klage und Bitte ab, die alle als »elementare humane Lebensäußerungen«[95] auch über den religiösen Kontext hinaus Anknüpfungspunkte für die Schülerinnen und Schüler bieten können.

Stundenablauf

Als Stundeneinstieg empfiehlt sich ein kurzes (!) *Brainstorming* zum Begriff »Psalm«, der zunächst stumm an die Tafel geschrieben wird und zu dem jeder Lerngruppenteilnehmer einen spontanen Assoziationsbegriff nennt. Ist dieses Verfahren in Lerngruppen eingeübt, vermittelt es aufgrund seiner Offenheit gerade bei Jugendlichen dieser Altersstufe häufig verblüffende Denkanstöße und kann zu weitergehender Beschäftigung mit dem entsprechenden Text oder Sachelement anregen.

Die Textannäherung erfolgt in der kooperativen Form des *Think-Square-Compare*, was die Bildung von Viergruppen voraussetzt. Auf einem *Placemat* (M 3.6, mindestens DIN A 3!) wird je ein Psalm in das mittlere Feld geklebt und jeder Gruppenteilnehmer notiert zunächst für sich Antworten auf die »Leitfragen für das Hören von Psalmen« (M 3.7) in eines der Randfelder. Die Leitfragen werden auf Folie projiziert oder an die Tafel geschrieben – sie sollten jedoch zu jeder Zeit für alle gut sichtbar bleiben. Erst im Folgeschritt erfolgt ein Vergleich der Antworten im geschützten Raum der Kleingruppe, wo die Ergebnisse nun diskutiert und für die Erarbeitung einer eigenen *Klanginszenierung* genutzt werden können. Der Arbeitsauftrag für diese Gruppenarbeitsphase besteht darin, eine klangliche Inszenierung des Gruppenpsalms zu gestalten.

In der Ergebnissicherung bietet sich ein *Hörauftrag* an, der weniger die gestalterischen Elemente, als vielmehr die im Psalm transportierten Erfahrungen und Gefühle fokussiert. Erst nachdem möglichst je eine Gruppe zu jedem der vier Psalmen ihre Ergebnisse vorgestellt hat, sollte ein vertiefender Rückblick die Unterschiede zwischen den Erfahrungen und Gefühlen in den Texten mit den Unterschieden der gestalterischen Umsetzungen in Beziehung setzen. So können die Schülerinnen und Schüler an ihren eigenen Produkten erkennen, dass die Sprache der Psalmen kommunikativ an ein Gegenüber gerichtet ist – und sich je nach Kommunikationsanliegen des Beters in hohem Maße unterscheiden kann.

[94] Sigrid und Horst-Klaus Berg: Wach auf, meine Seele. Mit Psalmen das Leben entdecken, Stuttgart 2003, S. 29.

[95] Sigrid und Horst-Klaus Berg: Wach auf, meine Seele. Mit Psalmen das Leben entdecken, Stuttgart 2003, S. 13.

Baustein 2: Lesen

3. Stunde: »Der hält sich wohl für eine Art Gott«[96] – eine bibliologische Annäherung an die kontroverse Gerechtigkeit in Mt 20,1–16

Hinführung

Die Einführung in den Baustein »Lesen« erfolgt mithilfe einer kooperativen Lektüreform, die sich in der neueren Bibeldidaktik wachsender Beliebtheit erfreut. Der *Bibliolog* eröffnet als performative Texterschließungsmethode für Schülerinnen und Schüler die Möglichkeit, sich in wechselnde biblische Figuren hineinzuversetzen, ihre Fragen und ggf. ihre Kritik aufzunehmen und sich so selbst zu den Konstellationen der biblischen Geschichten zu verhalten. Aus diesem Grund halte ich die Methode gerade in dieser Altersstufe für geeignet, da auch kritische Anfragen oder gar ablehnende Haltungen gegenüber biblischen Geschichten hier den Interpretationsprozess bereichern können. Hermeneutisch liegt dem Konzept ein dynamisches Textverständnis zugrunde: Im Bibliolog steht nicht das Reden *über*, sondern der Dialog *mit* den Texten im Vordergrund.[97] Theologisch erinnert dieses Verständnis stark an die evangelisch-lutherische Überzeugung, »dass die Bibel eine lebendige Geschichte Gottes mit den Menschen erzählt, die nicht abgeschlossen zwischen zwei Buchdeckeln […] existiert, sondern uns heutige Menschen hineinnehmen möchte in die Geschichte Gottes mit uns Menschen.«[98]

Für das Gelingen eines Bibliologs stellt schon die Auswahl eines für die Teilnehmer geeigneten Bibeltextes eine gewisse Herausforderung dar: Der Text muss anschlussfähig an die Verstehensvoraussetzungen der Altersstufe sein, inhaltlich Interesse wecken und ein hohes Maß an Identifikationspotenzial bereitstellen. Diese Kriterien erfüllt das Gleichnis von den Arbeitern im Weinberg in Mt 20,1–16, da es die in der Bibel zentralen und für Schülerinnen und Schüler der ausgehenden Mittelstufe bedeutsamen Anfragen an die Güte und Gerechtigkeit Gottes zum Thema hat. Nach Feldmeier »erinnert [das Gleichnis] an die Erfahrung, dass ungleiche Behandlung zu Konflikten führen kann«[99] und verweist damit auf

eine Kernproblematik der heutigen Leistungsgesellschaft. In der bildlichen Sprache des Gleichnisses bietet Jesus eine Form von Gerechtigkeit an, die bei Jugendlichen zunächst häufig auf Unverständnis stößt: Er spricht von einem Gott, der seine Gerechtigkeit darin offenbart, dass er aus Gnade gerade denen Güte entgegenbringt, die schon nach zeitgenössischer Wertung keinen Anspruch auf Gotteslohn haben. So entscheidet nicht die eigene Leistung über die Zueignung von Gottes Güte, sondern allein Gott, dessen Gerechtigkeit sich nicht in den menschlichen Vorstellungen von Fairness erschöpft bzw. diese übertrifft. Für die Jugendlichen eröffnet die Übernahme der Perspektiven von Figuren die Möglichkeit, im Probehandeln des performativen Ausdrucks unterschiedliche Sichtweisen miteinander zu vergleichen und ihre Plausibilität zu prüfen. So steht didaktisch das kritische Nachdenken über die Kategorien Fairness, Verdienst, Gleichheit und Güte, die alle im Gleichnis anklingen und häufig die Gerechtigkeitsbegriffe der Schülerinnen und Schüler prägen, hier im Vordergrund.

Stundenablauf

Zu Beginn der Stunde sollte Wert darauf gelegt werden, eine vertraute und vertrauensvolle Arbeitsatmosphäre ohne Hektik zu befördern. Das Anzünden einer Kerze, ein kurzer Smalltalk, vielleicht sogar das Mitbringen von Keksen oder Tee können hier den besonderen Experimentiercharakter des Lernarrangements unterstreichen.

Der Verlauf des Bibliologs ist klar strukturiert (M 3.8) und beginnt mit einem doppelten Einstieg: Zunächst erläutert der *Prolog* den Schülerinnen und Schülern die Vorgehensweise, bevor die *Hinführung* in die konkrete Geschichte einführt. Hier ist darauf zu achten, dass die Vorstellungsbildung der Lerngruppe angeregt wird und sie am Schluss ein konkretes Setting vor Augen haben.

Der Mittelteil des Bibliologs stellt dessen Herzstück dar. Die Jugendlichen haben darin die Möglichkeit, sich in die Perspektiven verschiedener Arbeiter, des Verwalters und des Weinbergbesitzers zu versetzen und aus deren Sicht die Geschehnisse des Gleichnisses zu kom-

[96] Äußerung einer Schülerin während eines Bibliologs zu Mt 20,1–16 im Rahmen einer biblischen Lesenacht am Grotefend-Gymnasium in Hann. Münden

[97] Die Vielzahl an weiteren Zielsetzungen und texthermeneutischen Grundlagen des Bibliologs kann an dieser Stelle nicht hinreichend beschrieben werden. Hierzu sei auf das gut lesbare Einführungswerk des jüdischen Lehrers Peter Pitzele verwiesen, auf den das Konzept zurückgeht.

[98] Uta Pohl-Patalong: Bibliolog. Gemeinsam die Bibel entdecken im Gottesdienst – in der Gemeinde – in der Schule, 2. Aufl., Stuttgart 2007, S. 24.

[99] Reinhard Feldmeier: Art. Gleichnisse, in: Theologie für Lehrerinnen und Lehrer, Bd. 2, Göttingen 2001, S. 302–335, hier: S. 334.

mentieren (sog. *voicing*, unbedingt die Ich-Form beachten!). Auch an die Lehrperson stellt diese Phase hohe Ansprüche. Die Leitung muss jeden Wortbeitrag im *echoing* noch einmal in eigenen Worten wiedergeben – möglichst ohne den Sinngehalt gravierend zu verändern. Sollte etwas nicht verstanden worden sein, können im *interviewing* konkrete Nachfragen an die Teilnehmer gerichtet werden. Die fünf Perspektiven sind so gewählt, dass sie die Kernprobleme des Textes, die Fragen nach gerechter Verteilung und dem Verdienen von Güte, aus unterschiedlichen Erfahrungszusammenhängen beleuchten können. Nicht ganz unproblematisch ist die vierte Unterbrechung, wenn die Jugendlichen die Sicht des Weinbergbesitzers übernehmen. Es ist hier darauf zu achten, dass nicht bereits ein Verlassen der Darstellungsebene einsetzt und die Figur auf Gott hin transparent wird. Aufgrund der Einführung in das Setting der Geschichte und der deutlich auf den zwischenmenschlichen Konflikt bezogenen Fragestellungen ist diese Übertragung allerdings eher unwahrscheinlich.

Am Schluss des Bibliologs entlässt die Leitung die Schülerinnen und Schüler aus den Rollen und liest schließlich den gesamten Bibeltext noch einmal vor. Die Wortbeiträge werden nicht noch einmal Gegenstand eines kritischen Gespräches und schon gar nicht zu einer textlichen Botschaft zusammengefasst. Sie bleiben als gleichberechtigte individuelle Zugänge zu den Figuren nebeneinander stehen. Trotz des Verzichts auf ein inhaltlich interpretierendes Unterrichtsgespräch ist allerdings auch hier unverzichtbar, die Erfahrungen im Bibliolog auf der Metaebene zu kommunizieren. Hierzu empfiehlt sich zunächst eine dezentrale *Murmelphase*, in deren geschütztem Rahmen möglichst jeder Teilnehmer des Bibliologs zu Wort kommen kann.[100]

4./5. Stunde: »Dein Glaube hat dir geholfen« – Die Heilung des Bartimäus als Hoffnungsgeschichte

Hinführung:

Die *Szenische Interpretation* der Wundergeschichte Mk 10,46–52 knüpft unmittelbar an das gemeinsame Nachdenken über die Kategorien Güte, Fairness und Gleichheit in der bibliologischen Gleichnislektüre an: In der Blindenheilung erkennen die Schülerinnen und Schüler, wie Jesu Auftreten in einer konkreten Situation das in der entsprechenden Gesellschaft für möglich Gehaltene sprengt bzw. die soziale und gesellschaftliche Struktur dieser Gesellschaft überwindet.

Während viele Jugendliche in einer pluralisierten und individualisierten Gesellschaft zunehmend Erfahrungen der eigenen Begrenzt- und Unvollkommenheit kennenlernen und häufig auf die Zuwendung anderer angewiesen sind, sprechen die Wunder von konkret materieller, für den Einzelnen spürbarer und lebensverändernder Hilfe. Mehr noch, sie beinhalten aus heutiger Schülersicht geradezu eine Bejahung der Hoffnung als solcher, dass positive und unmittelbar spürbare Veränderungen überhaupt möglich sein können. Als radikaler »Protest gegen menschliche Not«[101] erweisen sich die neutestamentlichen Wundergeschichten also durchaus als anschlussfähig an das Denken und Fragen der Schülerinnen und Schüler. Trotzdem darf keinesfalls die in der Wunderdidaktik häufig festgestellte Verständnisproblematik unterschätzt werden: Die Texte setzen das Weltbild des Orients voraus, das den Jugendlichen fremd ist, sie beziehen sich auf soziale Missstände im Israel zur Zeit Jesu, von denen die Jugendlichen wenig wissen – die Liste könnte leicht weitergeführt werden. Eine besondere didaktische Herausforderung liegt daher in der zumindest teilweisen Überbrückung der tiefen Kluft zwischen der Lebenswelt der Lerngruppen und der in Mk 10 dargestellten *Diegese* als der Welt, in der die Wundergeschichte sich ereignet.

Gerade aus diesem Grund darf eine Erschließung dieses Heilungswunders hier nicht auf einer rein kognitiven Ebene stehen bleiben. Es gilt stattdessen, die Mut machende Botschaft der Wundergeschichte aus ihrem narrativen Raum herauszulösen, in die Erfahrungswelt der Schülerinnen und Schüler zu übersetzen und dabei ihre theologischen Anfragen ernst zu nehmen.

Diesem Ansatz entsprechen Ingo Schellers Methoden des szenischen Spiels, die zwar ur-

[100] Neben den Büchern von Uta Pohl-Patalong gibt es unter www.bibliolog.de auch die Möglichkeit, auf entsprechende Fortbildungen zum Bibliolog zurückzugreifen. Der »Grundkurs« ist einwöchig konzipiert und bietet eine gute Sicherheit, mit den Verfahren des Bibliologs sicher und souverän umzugehen.

[101] Gerd Theißen/Anette Merz: Der historische Jesus. Ein Lehrbuch, 3. Auflage, Göttingen 2003, S. 266.

sprünglich für den Literaturunterricht entwickelt wurden, jedoch längst zu den festen Bestandteilen des Methodenspektrums der Religionsdidaktik zählen. Als Ziele der sogenannten *Szenischen Interpretation* benennt Scheller eine Form der gemeinsamen Textlektüre, die »Jugendlichen die Erfahrungspotenziale literarischer Texte zugänglich« macht und die Möglichkeit bereitstellt, »probeweise mit allen Sinnen in der vorgestellten Welt zu agieren« sowie »nicht nur das literarische Geschehen, sondern auch sich selbst besser zu verstehen«[102] – und erweist sich darin annähernd deckungsgleich mit den oben formulierten didaktischen Intentionen für das Lernen mit der Bibel.

In Bezug auf die hier getroffene Textauswahl ist zudem zu ergänzen, dass die Heilung des Bartimäus selbst schon eine Fülle von dramatischen Elementen aufweist, was einerseits den szenischen Zugang vom Lerngegenstand her begründet, v. a. aber die Durchführung auch in szenisch ungeübten Lerngruppen erheblich erleichtert. In der Wundergeschichte begegnen insgesamt vier Personen oder Personengruppen, die je eigene Perspektiven auf das Heilungsgeschehen eröffnen: Jesus, Bartimäus, die Jünger sowie die Menschen aus der großen Menge. Für die hier angestrebte Fokussierung des Aufsehen erregenden und Hoffnung spendenden Auftretens Jesu sind dabei insbesondere die Sichtweisen der Menschen aus der Menge und die des Bartimäus von didaktischem Interesse, weshalb diese beiden in *Rolleninterviews* jeweils einzeln befragt werden. So erfährt etwa Bartimäus im Verlauf des Heilungswunders am eigenen Leib, wie Jesu Zuwendung die konkrete, spürbare Hilfe bringt. Während er zu Beginn noch ein Ausgegrenzter der Gesellschaft ist, der am Wegesrand bettelt und von der Menge regelrecht »angefahren« (V. 48) wird, hat sich am Schluss sein Status radikal verändert. Als Sehender bieten sich ihm wieder alle Handlungsoptionen und er entscheidet sich aus freien Stücken für die Nachfolge. Dieses Geschehen nehmen die Menschen aus der Menge aus einer Außenperspektive wahr, die m. E. dem Blick der Schülerinnen und Schüler dieser Altersgruppe besonders nahe ist. Ihre

102 Ingo Scheller: Szenische Interpretation. Theorie eines handlungs- und erfahrungsbezogenen Literaturunterrichts in Sekundarstufe I und II, 3. Auflage, Seelze 2010, S. 48.

Haltung dürfte in der Durchführung je nach Lerngruppe vermutlich zuerst von Verwunderung oder Zweifel über die Geschehnisse geprägt sein, möglicherweise aber auch von der Frage nach Konsequenzen für die eigene Lebensgestaltung.

Stundenablauf
Im Zentrum des Stundeneinstiegs stehen die Vorstellungsbildung sowie das Einfühlen in die Situation und Figuren der Wundergeschichte. Die *Fantasiereise* in das Jericho zur Zeit Jesu (vgl. M 3.9) soll als Brücke zu dieser Lebenswelt dienen und gleichzeitig die Empathie der Schülerinnen und Schüler anregen. Wie schon zu Beginn des Bibliologs empfiehlt sich auch hier, erst zu beginnen, wenn eine positive und erwartungsvolle Lernatmosphäre herrscht, da gerade eine Methode wie die Fantasiereise durch nur wenige Zwischengeräusche ihre Funktionalität verlieren kann.

Dem Ziel einer tiefen Einfühlung dient auch das Abfassen von *Rollenbiografien* (vgl. M 3.10). Alle Lerngruppenteilnehmer versetzen sich dabei in eine Figur aus der Wundergeschichte und verfassen einen Text, in dem sie sich in der Rolle vor- bzw. darstellen. Erst nachdem sich die Jugendlichen im geschützten Raum ihrer Tischgruppe die Texte gegenseitig vorgestellt haben, kann mit der Erarbeitung der szenischen Präsentation begonnen werden. Es empfiehlt sich dabei die Bildung von leistungsheterogenen Arbeitsgruppen, wobei erkennbare Sympathien der Schülerinnen und Schüler untereinander berücksichtigt werden können, gerade in Lerngruppen ohne Erfahrung mit dieser Methode. Auch im Rahmen der gestaltenden Deutung in der Gruppe ist eine als vertraut, offen und lernförderlich wahrgenommene Arbeitsatmosphäre von zentraler Bedeutung. Oft erweist sich hierzu auch ein Ortswechsel (Aula, Schulhof, Flur, benachbarte Klassenräume etc.) als hilfreich, da so das Gefühl eines unbeobachteten Probens verstärkt und die bespielbare »Bühne« vergrößert wird.

Zu Beginn der Präsentationsphase (zeitlich etwa 10 Min. nach dem Stundenübergang) tritt die Lehrperson in ihrer Rolle als Spielleiter auf. Noch vor der eigentlichen Vorstellung der Gruppenergebnisse empfiehlt sich hier ein Verweis auf den Rollenschutz: Die Schülerinnen und Schüler agieren im szenischen Spiel in allem, was sie sagen und zeigen, aus der von ihnen übernommenen Rolle heraus und dürfen daher während der Szenischen Interpretation ausschließlich als diese Rolle angesprochen werden. Dazu haben alle Beobachter im Verlauf der Präsentationen Gelegenheit, indem sie das Spiel durch sogenannte *Gedanken-Stopps* unterbrechen und mithilfe der beiden Fragen »Was denkst du?« und »Was fühlst du?« vertiefte Einblicke in das Innere der Figuren gewinnen. Das Zulassen von Gedanken-Stopps gewährleistet zudem ein hohes Maß an Schüleraktivität auch bei den Zuschauern.

Zur Auswertung der szenischen Spiele bietet sich für die Wundergeschichte der Einsatz von *Rolleninterviews* an. Darin werden ausgewählte Figuren durch das Publikum und den Spielleiter dazu aufgefordert, »Einstellungen preiszugeben, offene Fragen zu beantworten, ihr Verhalten zu rechtfertigen oder Stellung zu bestimmten Themen zu nehmen.«[103] Der Spielleiter kann hierfür schon in der Vorbereitung Fragen formulieren (für einige Vorschläge zur Befragung von Bartimäus und der Menschen aus der Menge siehe M. 3.11), sollte aber auch variabel die jeweiligen Gruppenergebnisse miteinbeziehen. Die Auswertungsphase dient einerseits der Verbalisierung und Reflexion der subjektiven Erfahrungen im performativen Umgang mit der Wundergeschichte und andererseits der Sicherung der Schülerergebnisse durch die gesonderte Erläuterung und Vertiefung der Verhaltensweisen der Figuren außerhalb der vorbereiteten Spielszene.

Nachdem möglichst viele Gruppen vorgetragen haben und alle Anfragen an die Figuren gestellt wurden, empfiehlt sich ein demonstratives Verlassen des Spiel-Raumes – in diesem Falle Jerichos – um ein rückblickendes Nachdenken über die in den szenischen Spielen erkennbaren Deutungen der Wundergeschichte zu ermöglichen.

Baustein 3: Studieren

6.–8. Stunde: *Projektminiatur* – auf eigenen Lernwegen die Bibel studieren

Hinführung

Den Abschluss der Sequenz bildet ein Baustein, der die Eigenverantwortlichkeit und Selbsttätigkeit der Schülerinnen und Schüler ins Zentrum stellt. Auf individuell ausgesuchten Lernwegen soll jeder Lerngruppenteilnehmer einen selbst gewählten Bibeltext in mindestens zwei Stunden intensiv »studieren«, von der sorgfältigen Lektüre einer Bibelstelle über die Erstellung eines Produkts bis hin zur Reflexion des eigenen Lernfortschritts. Das Wort »studieren« ist hier natürlich nicht im wortwörtlichen Sinne von »an der Universität studieren« gemeint, sondern es soll ausgedrückt werden, dass es um eine intensive Beschäftigung geht, um das tiefere Eindringen in die Materie, das zum Verstehen führt.

Hierzu sind im Materialteil sowohl gut zu erarbeitende Textbeispiele (vgl. M 3.13) als auch höchst unterschiedliche methodische Zugänge (vgl. M 3.14) vorgeschlagen. Die ausgewählten Bibelstellen reichen von der Schöpfungsgeschichte in Gen 1 über den Psalter und eine Prophetenberufung zu verschiedenen Textbeispielen aus den Evangelien (z. B. »Die Seligpreisungen«, »Jesu Taufe«, »Das Gleichnis vom verlorenen Sohn« etc.) und schließlich bis zum letzten Kapitel der Johannesoffenbarung. In allen Fällen lassen sich aus den Texten unmittelbare Erkenntnisse zu dem inhaltlichen Rahmenthema der »Beziehung von Mensch und Gott« bzw. der »Gestaltung der Beziehung im Lebensverlauf durch Menschen« (s. o.) ableiten. Außerdem zeigt dieses breite Spektrum an Texten buchstäblich von der ersten bis zur letzten Bibelseite an, dass hier *ein Buch* Thema war. Die darin behandelten Erzählungen, Gleichnisse, Gebete usw. unterscheiden sich zwar sehr, doch alle thematisieren in irgendeiner Form die Erfahrungen der Menschen mit Gott.

Die vorgeschlagenen Methoden hingegen eint auf den ersten Blick wenig: Während einige Vorschläge eine Vertiefung durch einen kreativen Schreibprozess intendieren (z. B. »Die Pa-

[103] Ingo Scheller: Szenische Interpretation. Theorie eines handlungs- und erfahrungsbezogenen Literaturunterrichts in Sekundarstufe I und II, 3. Auflage, Seelze 2010, S. 69.

rallelgeschichte«, »Die Aktualisierung« etc.), erfordern andere das Hinzuziehen von Expertenwissen (z. B. »Die Internetrecherche«, »Die Expertenbefragung«, »Die Gattungsanalyse«) und wieder andere eine kreativ-bildnerische Auseinandersetzung mit dem Bibeltext. In beiden Bereichen kann die Lehrperson jedoch auch über die formulierte Auswahl hinaus Freiräume einräumen und zum Vorschlagen eigener Ideen motivieren. Falls also eine Schülerin einen Videoclip über die Weihnachtsgeschichte drehen möchte, sollte sie in diesem kreativen Vorhaben bestärkt werden.

Eine klare Begrenzung ist jedoch in Bezug auf die Sozialform zu empfehlen: Aufgrund der hier angestrebten Fokussierung der individuell vertieften Auseinandersetzung mit einem Text muss diese in Einzelarbeit erfolgen. Jede Schülerin und jeder Schüler kann sich so ganz in Ruhe einen Text aussuchen, der ihn oder sie interessiert, der anspricht, gefällt, missfällt oder einfach zum Nachdenken anregt – und dann ebenfalls in Eigenregie einen eher kreativen, analytischen, gestaltenden oder forschenden Weg des vertiefenden Umgangs mit dem Text wählen. Dies steigert die Chance, dass sich jede und jeder Einzelne nicht nur mit dem Text beschäftigt, sondern umgekehrt auch von ihm beschäftigt wird! Zudem werden sich die Schülerinnen und Schüler mit ihrem wirklich *eigenen* Produkt stärker identifizieren können, was auch eine deutlich sichtbare Verantwortung nach außen hin einschließt.

Stundenablauf:

Der Einstieg erfolgt über eine *Bildbetrachtung* des Studierzimmers Martin Luthers auf der Wartburg (M 3.12), wo er ab 1521 zunächst das Neue und dann das Alte Testament ins Deutsche übersetzte. Die Schülerinnen und Schüler formulieren zunächst unkommentierte Eindrücke, bevor sie das auf dem Bild Sichtbare im Detail beschreiben. Dabei wird das zentral auf dem Schreibtisch befindliche Buch sehr wahrscheinlich gerade in dieser Sequenz Assoziationen mit Bezug auf die Bibel hervorrufen, die zu den Leitfragen führen können: Warum könnte sich jemand in ein solches Zimmer zurückziehen, um die Bi-

bel zu studieren? Welche Ziele könnte ein derartiges Studium haben? Und was könnte man in der Bibel überhaupt herausfinden?

Diese Fragen leiten unmittelbar ein in die *Projektminiatur*, in der alle Schülerinnen und Schüler nun selbst an der Suche nach Antworten auf diese Fragen beteiligt werden. Diese diskursive Ausgangslage lohnt sich schon vor Beginn der Erarbeitung deutlich zu kommunizieren.

Für die Sichtung der Bibelstellen, die ebenso wie die Methodenwahl einige Zeit in Anspruch nimmt, benötigt wenn irgend möglich jeder Jugendliche ein eigenes Bibelexemplar: Es sollte unterstrichen, markiert, geknickt, eben *aktiv* gelesen werden dürfen.

Der zeitliche Ablauf der drei Stunden ist selbstverständlich in hohem Maße abhängig vom Lerntempo des einzelnen Lerners, jedoch empfiehlt sich einerseits, die Themenfindung auf die erste Stunde zu beschränken (ggf. kleine Zettel mit ausgesuchter Textstelle und Methode einsammeln) sowie andererseits die letzte Stunde der Ergebnispräsentation vorzubehalten. So ergeben sich zwei freie Arbeitsmöglichkeiten zwischen den Stunden sowie eine ganze Unterrichtsstunde zum konzentrierten »Bibelstudium« im Klassenraum. Während der Arbeitsphasen steht die Lehrperson als beratender Begleiter der Lernprozesse zur Verfügung – sofern von Seiten der Schülerinnen und Schüler Bedarf besteht.[104]

In der dritten Stunde endet die Projektminiatur mit einem *Galeriegang*, in dessen Verlauf sämtliche Lerngruppenteilnehmer ihre Produkte im Klassenraum »ausstellen«. Bei textlich fixierten Ergebnissen (»Die Parallelgeschichte«, »Die Sprachanalyse« usf.) kann sich zudem ein lautes und selbstverständlich freiwilliges Vortragen des Produktes als zielführend erweisen. In jedem Fall benötigt diese Form der Sicherung ausreichend Zeit für eventuelle Rückfragen und würdigendes Feedback.

In der Besprechung der Ergebnisse am Schluss der Sequenz ist zudem von großer Bedeutung, dass auch eine kurze Reflexion der Ziele und Reichweite der jeweiligen Methode sowie des eigenen Erkenntnisgewinns durch die vertiefte Auseinandersetzung zur

[104] Für diejenigen, die schon frühzeitig mit der Erstellung ihres Produktes fertig sind, empfiehlt sich die Zusatzaufgabe, einen kurzen Text zur Reflexion des eigenen Lernprozesses zu verfassen. Gerade bei kreativen Schreibaufgaben sollten die Schülerinnen und Schüler die Möglichkeit bekommen, auch schriftlich ihre gestalterischen Entscheidungen zu begründen.

Sprache kommt. So ergäbe sich ein Rahmen von den Eingangsfragen nach den Zielen eines Bibelstudiums bis hin zu den Fragen »Was für ein Ziel habe ich nun selbst erreicht?« oder »Was hat mir das sorgfältige Lesen der Bibel eigentlich gebracht?« Antworten auf diese Fragen kann, soll und wird jeder Jugendliche unterschiedlich formulieren – doch das gemeinsame Nachdenken darüber – sogar unter Rückgriff auf selbst erlebte Erfahrungen mit der Bibel – erscheint mir an sich schon ein wünschenswerter Prozess im evangelischen Religionsunterricht zu sein.

Ideenwerkstatt und Anregungen zur Weiterarbeit

– Aufgrund der meist höchst individuellen Ergebnisse könnte während der Unterrichtssequenz das Anlegen eines *Portfolios* den Lernprozess unterstützen. Besonders im Rahmen der Projektminiatur, aber auch in Bezug auf die Rollenbiografien und die Notizen zu den Klanginszenierungen unterstützt dieses pädagogische Werkzeug das Bewusstsein des einzelnen Lerners für den eigenen Lernfortschritt.
– Außerdem eröffnet das Portfolio die Möglichkeit einer *alternativen Leistungsmessung*. Während ich aufgrund des spielerischen Experimentiercharakters und der Sensibilisierungsfunktion dieser Sequenz bewusst auf das Formulieren einer Klassenarbeit verzichtet habe, könnte eine konstruktive Rückmeldung zu einem solchen Arbeitsergebnis den Lernprozess befördern.
– In allen drei Bausteinen eröffnet sich eine Fülle von alternativen oder zusätzlichen kreativen Zugangsmöglichkeiten:
  • In Baustein 1 könnten in einer zusätzlichen Stunde Instrumente hinzugezogen werden. Diese klingen natürlich besonders gut im Kirchenraum! Auch das kreative Formulieren eigener »Psalmen« bietet eine zielführende Möglichkeit, an die menschlichen Grunderfahrungen (s. o.) dieser Textsorte anzuknüpfen.
  • In Baustein 2 würde eine analytische Form des Lesens das Methodenspektrum erweitern. Warum nicht einmal Form und Aufbau einer Wundergeschichte untersuchen?
  • Die Einzelprodukte des Kurzprojekts bieten meist fruchtbare Grundlagen für eine gruppenteilige Weiterarbeit. Je nach Verteilung der Texte und Methoden sind unterschiedliche Expertenteams und auch unterschiedliche biblische Schwerpunktthemen denkbar, die eigene Folgeprodukte nach sich ziehen könnten. Denkbar wäre etwa eine Ausstellung »Die Bibel – kritisch gelesen und interpretiert« oder gar konkreter ein »Studienberater zu Jesu Wundern und Gleichnissen«. Der Kreativität sind hier kaum Grenzen gesetzt.

Weiterführende Literatur und Links

Büttner, Gerhard/Müller, Peter u. a. (Hg.): Die Gleichnisse Jesu. Ein Studien- und Arbeitsbuch für den Unterricht, Stuttgart 2002.

Pohl-Patalong, Uta: Bibliolog. Gemeinsam die Bibel entdecken. Im Gottesdienst – in der Gemeinde – in der Schule, 2. Auflage, Stuttgart 2007.

Rupp, Hartmut (Hg.): Handbuch der Kirchenpädagogik. Kirchenräume wahrnehmen, deuten und erschließen, Stuttgart 2006.

Wegenast, Klaus: Spiritualität in der Schule? Überlegungen zu einer möglichen Gestalt im Religionsunterricht, in: Simon, Werner (Hg.): meditatio. Beiträge zur Theologie und Religionspädagogik der Spiritualität, FS Günter Stachel, Münster 2002, S. 289–303.

http://www.josefstal.de/bibliolog/index.html (letzter Zugriff am 25. 04. 2013) (gute Vorstellung der Didaktik des Bibliologs inkl. anschaulicher Beispiele).

http://www.rpi-virtuell.net/material/search/ (letzter Zugriff am 25. 04. 2013) (umfangreiche Zusammenstellung kreativer Lernarrangements mit der Bibel).

C.4 Wege gehen. Pilgern als Projekt

Eine Unterrichtssequenz für die Jahrgangsstufe 11/12

Tim Hofmann

»Sobald ich mich auf andere Dinge außer meinem schmerzenden Knie und der sehr warmen Sonne konzentrieren konnte, hatte ich das Gefühl, frei von Allem zu sein. Ich brauchte mir keine Sorgen um irgendetwas zu machen. Dies empfand ich als sehr befreiend und wohltuend. [...] Es war, als hätten wir geradezu Kraft aufgetankt.« (Merle[105], Kollegiatin, 19 Jahre alt)

Nach einer Pilgerwanderung von fünf Stunden bei 30 Grad im Schatten resümiert Merle ihren Weg als »Tankstelle«, als »Befreiung«, als »Wohltat«. Sie hat das Gefühl, »frei von Allem« zu sein. Eine ähnliche Erfahrung hat bereits Hape Kerkeling gemacht. Seit er sich 2001 auf den Jakobsweg begeben und seine Erfahrungen hierzu in tiefgründiger, manchmal satirischer und stellenweise auch kontemplativer Art und Weise als Pilgertagebuch 2006 publiziert hat, ist Pilgern als moderne Form der Selbsterfahrung wieder en vogue. Das Buch wurde zum Bestseller und Kerkeling machte deutlich, dass auch »säkularisierte« Menschen den Jakobsweg beschreiten können, ohne dezidiert nach Gotteserfahrungen zu suchen. Der Wunsch nach einer Auszeit und der Auseinandersetzung mit der eigenen Identität wurde Grund genug, sich auf einen Pilgerweg zu begeben.

Der Jakobsweg ist seither so überlaufen, dass der Wunsch nach Ruhe dort kaum mehr erfüllt werden kann. Allein etwa 15 600 deutsche Pilger haben sich 2012 auf den Jakobsweg begeben.[106] Und der Wunsch vieler Menschen, einen Pilgerweg zu gehen, um sich dadurch selbst zu finden, findet seinen Niederschlag in mehreren Büchern (u. a. Coelho 2007, Albus 2011) und Filmen (siehe unten). Kerkeling beschreibt, dass der Pilgerweg seinem Lebensweg sehr ähnlich gewesen sei und er sich auf dem Camino[107] selbst (wieder)gefunden habe: »Mein Pilgerweg lässt sich [...] wie eine Parabel meines Lebensweges deuten. Fast scheint es so, als würde der Camino mir

gnädigerweise sogar einen vorsichtigen Blick in meine Zukunft gewähren.«[108] Über die Motivation von Pilgernden für ihre Pilgerreise liegen bisher m. W. keine empirischen Studien vor, anzunehmen ist allerdings, dass viele sich in Umbruchsituationen auf den Weg machen und sich dabei ähnlich bahnbrechende Erkenntnisse für das eigene Leben erhoffen.

Doch ist dieser Gedanke nicht eine Überforderung des ursprünglichen Pilgergedankens? Das Wort Pilgern stammt vom lateinischen Wort *peregrinus*, was sowohl »fremd« als auch »Fremder« heißt. Der Pilger ist also eine Person, die in die Fremde zieht und dort selbst zum Fremden wird. Im Mittelalter waren die Pilgerreisen oft eine Wallfahrt zu einem Pilgerort; Santiago de Compostela als idealtypisches Ziel der mittelalterlichen Pilger, aber auch Jerusalem und Rom, wohin Martin Luther pilgerte, sind als heilige Orte zu nennen, zu denen die Menschen aufbrachen. Die Gründe, die damals die Menschen zu einer Pilgerreise bewegten, waren vielfältig: Als Bußleistung, als Gelübde, als Dank oder um der Kontemplation willen zogen die Menschen ein Pilgergewand an und begaben sich auf den Weg.

In der »Renaissance des Pilgerns« liegt die große Chance, einen Anknüpfungspunkt an die Lebenswelt der Schülerinnen und Schüler herzustellen, ihr Interesse zu wecken, sich auf ihre Biografie einzulassen und sich auf ihren jeweiligen Lebens-Weg zu begeben. Gleichzeitig besteht das Risiko, den Weg zu einem reinen »Selbstfindungstrip« verkommen zu lassen, der das eigene Ich absolut setzt und den Gedanken des Pilgerns verzerrt. Diese Bewegung nach innen kann schnell zu einer metaphorischen Körperhaltung des *homo incurvatus in se*, des auf sich selbst verkrümmten Menschen verkommen. Für das Pilgern bedarf es also auch der Begegnung mit den Anderen und dem Anderen, um sich nicht nur um sich selbst zu drehen, sondern ein Ziel auf einer Reise anvisieren und erreichen zu können.

Im Anschluss an die oben angestellten Überlegungen soll einerseits die Frage aufgeworfen werden, ob in Anlehnung an Kerkelings authentische Schilderungen das Pilgern für Schülerinnen und Schüler der gymnasialen

---

[105] Name geändert.
[106] vgl. Pilgrims' Office über http://de.statista.com (Zugriff am 25. 04. 2013).
[107] Camino bedeutet im Italienischen und Spanischen »Weg«.
[108] Hape Kerkeling: Ich bin dann mal weg, München 2009, S. 342.

Oberstufe nicht eine Möglichkeit sein könnte, sich selbst zumindest ansatzweise mit der eigenen Identität auseinanderzusetzen und Pilgern als »Initiationsritus«[109] zu begreifen, der sie auf einem für ihre Identitätsfindung wichtigen Lebensabschnitt begleitet. Andererseits soll auch der oben beschriebene Fallstrick, das Pilgern *nur* als eine Reise nach innen anzusehen, umgangen werden, indem die gesammelten Eindrücke, die Begegnung mit den und dem Anderen und das Gewahrwerden des Raumes und der eigenen Verortung in diesem ernst genommen und didaktisch berücksichtigt werden.

Im Folgenden will ich zunächst einige didaktische Leitlinien und Prinzipien zum Pilgern vorstellen, sodann einen theoretischen Hintergrund zum Thema darlegen und Überlegungen zur Pilgerroute anstellen. Anschließend wird anhand dreier Beispiele aufgezeigt, wie die Idee des Pilgerns im Religionsunterricht umgesetzt werden kann. In einer detaillierten Verlaufsplanung ist der Ablauf dieser Einheit und zusätzlich der Ablauf einer ganzen Projektwoche zum Thema »Wege gehen« nachzulesen. Ein Vorschlag für eine Klausur und Literaturhinweise beschließen den Beitrag.

Didaktische Leitlinien und Prinzipien

Ausgehend von den von Bärbel Husmann im Abschnitt B dargelegten Fragen möchte ich zeigen, wieso das Thema »Wege gehen« im Religionsunterricht der Oberstufe von existenzieller Relevanz für die Schülerinnen und Schüler und eine angemessene Möglichkeit ist, sich sowohl mit sich selbst als auch mit einem interreligiösen Thema zu beschäftigen.

Das Kompetenzmodell des Comenius-Instituts von 2006[110] macht deutlich, wie wichtig es ist, im Religionsunterricht Kompetenzen auszubilden, die für die Schülerinnen und Schüler auch außerhalb des schulischen Kontextes bedeutsam sind. Präzisiert für den Religionsunterricht in der gymnasialen Oberstufe heißt es in den EKD-Texten 109: »Im Rahmen seines Bildungsauftrags erschließt der Religionsunterricht die religiöse Dimension des

Lebens und damit einen spezifischen Modus der Weltbegegnung, der als integraler Teil allgemeiner Bildung zu verstehen ist.«[111] In den Einheitlichen Prüfungsanforderungen in der Abiturprüfung Evangelische Religionslehre (EPA) wird es als Chance formuliert, dass »wie in keinem anderen Fach [...] die Schüler und Schülerinnen über die Frage nach Gott nachdenken und deren Bedeutung für Grundfragen des menschlichen Lebens ausloten«[112] können. Anders als der katholische Religionsunterricht will der evangelische Religionsunterricht durch seine Zweierhomogenität (also lediglich Lehrer und Stoff müssen evangelisch sein, nicht aber der Schüler oder die Schülerin) offen sein für andere Bekenntnis- und Lebenszusammenhänge. Dies schlägt sich im Religionsunterricht darin nieder, dass nicht nur evangelische und katholische Christinnen und Christen, sondern auch Muslime, Hindus oder Atheisten daran teilnehmen können, wie es auch in den Religionskursen am Oberstufenkolleg in Bielefeld der Fall ist. Diese Interkulturalität bzw. Interreligiosität erfordert besondere Umsicht bei der Planung und Durchführung von Unterricht. Aber auch in anderen Schulen ist nach dem erstmals von Wilfried Bergau beschriebenen Traditionsabbruch[113] keineswegs von einer homogenen Gruppe auszugehen, in der sich alle gleichermaßen für theologische Fragen interessieren. Vielmehr geht vielfach mit dem Traditionsabbruch auch ein Interessensabbruch einher, was Kernthemen der christlichen Lehre anbelangt. Wenn in schulischen Zusammenhängen wie dem Erarbeiten von theologischen Texten im Unterricht theologisches Wissen nur noch rudimentär vorhanden ist und theologische Lehren entkernt und ohne einen lebensweltlichen Bezug dargeboten und rezipiert werden, muss die sich bietende Möglichkeit der Begegnung mit dem Christentum als einer Fremdreligion[114] in all ihren Facetten nutzbar gemacht werden.

Um einen Bezug zu den Schülerinnen und Schülern herstellen zu können, lassen sich gerade außerschulische Lernorte als Orte gelebten Glaubens besonders gut in den Unterricht einbinden: »Das Fach bietet die Möglichkeit, an außerschulischen Lernorten konkrete

[109] Elisabeth Lidell, Elisabeth und Anette Foged Schultz: Dem Glauben Beine machen. Pilgerwanderungen mit Kindern und Jugendlichen, Gütersloh 2010, S. 33.

[110] Vgl. Dietlind Fischer und Volker Elsenbast (Redaktion): Grundlegende Kompetenzen religiöser Bildung. Zur Entwicklung des evangelischen Religionsunterrichts durch Bildungsstandards für den Abschluss der Sekundarstufe I, Münster 2006.

[111] Kirchenamt der EKD (Hg.): Kerncurriculum Evangelische Religionslehre. Themen und Inhalte für die Entwicklung von Kompetenzen religiöser Bildung. EKD Texte 109, Hannover 2010, S. 9.

[112] Beschlüsse der Kultusministerkonferenz: Einheitliche Prüfungsanforderung in der Abiturprüfung Evangelische Religionslehre. Beschluss der Kultusministerkonferenz vom 01. 12. 1989 i. d. F. vom 16. 11. 2006, S. 6 f.

[113] Wilfried Bergau: Die neuen Schüler. Beobachtungen und Reflexionen. In: Der evangelische Erzieher 6/1987, S. 636–654.

[114] Bernhard Dressler schreibt in seinem Aufsatz »Darstellung und Mitteilung. Religionsdidaktik nach dem Tra-

ditionsabbruch«: »Religiöse Bildung nach dem Traditionsabbruch ist auf eine Didaktik angewiesen, die in der gewachsenen Fremdheit der christlichen Religion Chancen entdeckt, die für Lernprozesse nutzbar sind.« (Dressler, Bernhard: Darstellung und Mitteilung. Religionsdidaktik nach dem Traditionsabbruch. In: Silke Leonhard/Thomas Klie (Hg.): Schauplatz Religion. Grundzüge einer performativen Religionsdidaktik, Leipzig 2003, S. 157)

[115] Beschlüsse der Kultusministerkonferenz: Einheitliche Prüfungsanforderung in der Abiturprüfung Evangelische Religionslehre. Beschluss der Kultusministerkonferenz vom 01. 12. 1989 i. d. F. vom 16. 11. 2006, S. 6 f.

[116] Vgl. die ausführliche Darstellung zur Wallfahrt nach Mekka, zur Reise zum Ganges der Hindus etc. in: Elisabeth Lidell und Anette Foged Schultz: Dem Glauben Beine machen. Pilgerwanderungen mit Kindern und Jugendlichen. Gütersloh 2010, S. 23 ff.

[117] Vgl. Kirchenamt der EKD (Hg.): Kerncurriculum Evangelische Religionslehre. Themen und Inhalte für die Entwicklung von Kompetenzen religiöser Bil-

Ausdrucksformen christlichen Glaubens und Lebens kennenzulernen und damit einen eigenen Erfahrungshorizont für die unterrichtliche Arbeit zu gewinnen.«[115] Eine der Bedingungen, von denen oben auch Bärbel Husmann spricht, ist daher, dass die Schülerinnen und Schüler offen sein müssen, sich auf spirituelle Aspekte des Lernens einzulassen. Dies setzt bei ihnen jedoch kein spezifisches Bekenntnis, sondern lediglich die Bereitschaft voraus, sich auf diese Wege zu begeben. So beschreibt Husmann, dass aber auf keinen Fall die (existenzielle) Partizipation zu erstreben ist, sondern eine Partizipationskompetenz, die z. B. auch Hindus verdeutlicht, wie im christlichen Glauben gebetet oder eben auch gepilgert wird. Spirituelles Lernen heißt hier im besten Sinne, »gelebte Religion« zu zeigen und zu reflektieren. Dies ist beim Thema »Wege gehen« im Stil der Pilgerwanderung deswegen leicht möglich, weil das Pilgern als Vollzug gelebter Religion in allen Religionen üblich und bekannt ist.[116] Dies zeigt als kleinsten gemeinsamen Nenner aller Religionen den Wunsch nach heiligen Orten und die Idee eines Pilgerns als Innehalten, Sich-Vertiefen auf dem Weg, ein Zur-Ruhe-Kommen auf und ist damit als interkulturelles Beispiel religiöser Tradition anschaulich für den Unterricht zu didaktisieren. Dieser Aspekt der Betrachtung des Pilgerns als Akt praktizierter und gelebter Religiosität verschiedener Weltreligionen ist neben der individuellen Auseinandersetzung mit dem Thema »Wege gehen« ein wichtiges Lernziel der Schülerinnen und Schüler. Das Pilgern ermöglicht ein selbstentdeckendes, erfahrungsbezogenes und handelndes Lernen, was gerade in der Entwicklungsphase der Spätpubertät in der Oberstufe wieder große Bedeutung erlangt.

Kompetenzen

Darüber hinaus können die Schülerinnen und Schüler in dem von der EKD im Kerncurriculum[117] vorgeschlagenen Themenbereich 3 »Die christliche Lehre von Gott« (Schwerpunkt: »Gott in Beziehung – Was heißt es, an Gott zu glauben?«) folgende Kompetenzen erwerben: »*Wahrnehmungs- und Darstellungsfähigkeit*:

»Situationen erfassen, in denen letzte Fragen nach Grund, Sinn, Ziel und Verantwortung des Lebens aufbrechen«[118] und *Gestaltungsfähigkeit*: »Ausdrucksformen des christlichen Glaubens erproben und ihren Gebrauch reflektieren.«[119] Indem die Schülerinnen und Schüler zunächst theoretisch reflektieren, was das Pilgern als Ausdruck gelebter Religion innerhalb der einzelnen Religionen und nachgerade im Christentum bedeutet, können sie dann in dem Bereich der Gestaltung selbst pilgern und damit erkennen, was das Pilgern an und für sich bedeutet. Die erste Kompetenz (Wahrnehmungs- und Darstellungsfähigkeit) ist nicht auf eine bestimmte Religion hin festgelegt und kann daher von allen Schülerinnen und Schülern unabhängig von deren persönlicher Konfession durchdrungen werden. Letztere bezieht sich speziell auf das christliche Pilgern (siehe unten). Die EKD konstatiert, dass »diese Fähigkeit [Handlungsvollzüge zu erkennen, die als Ausdruck einer Gottesbeziehung interpretiert werden können, T. H.] […] für den Dialog zwischen Menschen unterschiedlichen Glaubens und verschiedener weltanschaulicher Ausrichtung unabdingbar«[120] ist. Da »der Glaube von Menschen […] nie unmittelbar«[121] ist, wäre Pilgern ein Weg, die Beziehung zwischen Menschen und einer höheren Macht zu klären. Auch Hape Kerkeling ist aufgebrochen, ohne dezidiert nach Gott zu suchen, und schreibt abschließend, dass Gott ihm doch immer wieder – fast täglich – in irgendeiner Art und Weise begegnet ist: »Während ich im Zug sitze, versuche ich meine Gedanken zu Gott zu sammeln und sie für mich noch einmal so griffig wie möglich zu formulieren. […] Und wenn ich es Revue passieren lasse, hat Gott mich auf dem Weg andauernd in die Luft geworfen und wieder aufgefangen. Wir sind uns jeden Tag begegnet.«[122]

Zusammengefasst lassen sich folgende Aspekte des Kompetenzerwerbs benennen:
– Pilgern als Orts-Wechsel
– Pilgern als Begegnung mit gelebter religiöser Frömmigkeit
– Pilgern als interkulturelle religionsübergreifende Tradition
– Pilgern als persönliche Einkehr und Erfahrung mit dem eigenen Ich

– Pilgern als Chance zur Begegnung mit dem Anderen

Zur Theorie des Pilgerns

Wie bereits erwähnt, erfreut sich das Pilgern immer größer werdender Beliebtheit. Um sich lange Anfahrten bzw. Angänge zu den klassischen Pilgerorten zu sparen, wird auch das Pilgern in Deutschland immer bekannter (vgl. Albus 2011). Mirjam Schambeck fordert in ihrem Konzept des mystagogischen Lernens im (katholischen) Religionsunterricht, sich gegen einen »Inhaltismus«[123] aufzulehnen und Räume und Wege für Gotteserfahrungen aufzusuchen. Genau das kann beim Pilgern geschehen: Indem Schülerinnen und Schülern Räume und Wege angeboten werden, können sie sich erfahren, können sie reflektieren, wie es ihnen er-geht – im wahrsten Sinne des Wortes. Die Abkehr von und der Widerstand gegen eine Vermaterialisierung des Menschen und der Welt[124] lässt sich gerade durch und im Pilgern leben. Das Pilgern nötigt Menschen dazu, einen Schritt nach dem anderen zu setzen, ohne Hast und Eile ihren Weg zu gehen, in dem Tempo und nur mit dem Gepäck, das für sie ganz individuell angebracht ist. »Durch diese Einfachheit kommen Gedanken und Überlegungen zum Zuge, die häufig im alltäglichen Treiben versteckt und vergessen werden.«[125] Im Schulalltag ist nicht immer die Zeit, darüber nachzudenken, wer mir wichtig ist, wer meine Weggefährtinnen und -gefährten sind, was mein »Marschgepäck« ist und wo meine Ziele und Grenzen liegen. Darin unterscheidet sich das Konzept einer Pilgerreise von einer Städtetour: »Die äußere Reise des Touristen geht von A nach B, horizontal. Den Pilger begleitet hingegen auch die vertikale Dimension: nach innen und nach oben.«[126] Es kommt also nicht (nur) darauf an, von einem Ort zum andern zu pilgern, sondern auch, auf diesem Weg zu sich zu kommen, sich wahrzunehmen und dabei vielleicht auch »hinaus in das Innere«[127] zu gehen.

Für die Schülerinnen und Schüler gehört zum Pilgern auch die soziale Erfahrung, dass auf dem Pilgerweg alle gleich sind. Im besten Fall gelingt dies auch und gerade im Religionsunterricht, wo dies – im christlichen Kontext – ein zentraler Gedanke ist, der sich aus der Gottebenbildlichkeit des Menschen ergibt. Da Pilger von Zeit- und Raumvorstellungen losgelöst sind, gibt es keine Klassen- oder Milieuunterschiede untereinander. Diese Erfahrung machen Schülerinnen und Schüler in ihrer Welt selten. Das Pilgern kann damit nicht nur eine Gegenwelt zu der materialistisch dominierten Welt sein, sondern auch zeigen, dass im Innern des Menschen keine Unterschiede bestehen (sollten).

Dies ist ein theologischer Aspekt des Pilgerns. Ein anderer findet sich ebenfalls in der Bibel. Dort ist von zahlreichen Wanderungen die Rede: Abraham (Gen 12,1–2), die Emmauserzählung (LK 24,13–35), die Missionsreisen des Paulus u. v. m. In einem konfessionell ausgerichtetem Religionsunterricht könnte daher an einer biblischen Wanderung und deren Bedeutung für das Leben des Wandernden angesetzt werden.

Überlegungen zur Pilgerroute

Bevor man sich mit einer Schulklasse oder einem Kurs auf den Weg machen kann, gilt es, eine geeignete Pilgerstrecke zu finden. Wichtige Kriterien für die Auswahl einer Pilgerroute sind:

– die zeitlichen Rahmenbedingungen (Habe ich einen ganzen Tag zur Verfügung? Muss ich die Anreise zum Startpunkt einplanen? Wie und wann komme ich wieder von dort zurück?),
– die Eigenheiten der Lerngruppe (Wie belastbar ist die Gruppe? Können alle Schülerinnen und Schüler längere Distanzen gehen?)
– Begebenheiten vor Ort oder in erreichbarer Nähe (Gibt es ausgearbeitete Pilgerrouten in der Nähe? Bieten kirchliche Organisationen Pilgertouren an, auf deren Vorerfahrungen man sich beziehen kann?).

Generell sollte man sich die Ziele nicht zu ambitioniert stecken und eine kürzere Strecke auswählen, die man vorher einmal zur Probe abläuft. Denkbar wäre neben einem pragmati-

dung. EKD Texte 109. Hannover 2010.
[118] Ebd., S. 42.
[119] Ebd.
[120] Ebd.
[121] Ebd.
[122] Hape Kerkeling, Ich bin dann mal weg. München 2009, S. 345 f.
[123] Mirjam Schambeck: Mystagogisches Lernen. In: Georg Hilger/Stephan Leimgruber/Hans-Georg Ziebertz (Hg.): Religionsdidaktik. Ein Leitfaden für Studium, Ausbildung und Beruf, München 2001, S. 383.
[124] Vgl. Elisabeth Lidell und Anette Foged Schultz: Dem Glauben Beine machen. Pilgerwanderungen mit Kindern und Jugendlichen, Gütersloh 2010, S. 33.
[125] Ebd., S. 16.
[126] Ebd.
[127] Ebd.

schen Rundweg, der allerdings weit entfernt vom eigentlichen Pilgergedanken liegt, ein Weg, an dessen Ende sich ein reales Ziel befindet, etwa eine Kirche, ein Aussichtspunkt, ein Kloster oder eine Lichtung im Wald.

Im Folgenden möchte ich kurz wenige Internetseiten vorstellen, auf denen man sich über Pilgerwege informieren kann (letzter Zugriff: 25. 04. 2013):

– www.pilger-weg.de: Auf dieser privaten Homepage findet man einen Überblick über viele Pilgerwege, auch und gerade in Deutschland. Knappe Informationen über Namen, Länge und Region eines Pilgerweges bieten einen ersten überblicksartigen Einstieg zur Orientierung.

– www.pilgern-im-pott.de: Nützliche Informationen wie Literaturtipps, eine ausgearbeitete Strecke sowie viel Begleitmaterial wird einem auf dieser Seite offeriert.

– www.pilgerprojekt.de: Hier geht es um den gut ausgearbeiteten Pilgerweg zwischen Loccum und Volkenroda. Übernachtungsmöglichkeiten, Materialien, Kontakte zu Pilgerbegleiterinnen – auf dieser Seite findet man gute Anregungen und Hilfestellungen für eigene Pilgerprojekte.

– www.oekumenischer-pilgerweg.de: Der ökumenische Pilgerweg durch Sachsen, Sachsen-Anhalt und Thüringen bietet praktische Hinweise, Beschreibungen des Wegverlaufes oder Kontaktmöglichkeiten vor Ort.

Wie der Weg an sich gestaltet wird, sollte von der Lerngruppe abhängig gemacht werden. Lässt man sie ganz frei gehen, um sie nicht einzuschränken? Gibt man ihnen Zitate oder Bibeltexte mit auf den Weg, worüber sie nachdenken können? Sollen sie einzeln gehen, um sich konzentrieren zu können? Sollen sie in der Gruppe gehen, um ihre Gedanken austauschen zu können?

Hier gibt es nicht die einzige Möglichkeit, um den Blick der Schülerinnen und Schüler auf etwas Bestimmtes zu lenken. Wie im Unterricht bietet sich ein längerer Pilgermarsch zu einer Phasierung an, wo Zeiten der Stille abgelöst werden durch Zeiten des Austausches. Impulse können die Aufmerksamkeit der Schülerinnen und Schüler auf bestimmte Oberthemen lenken. Örtliche Begebenheiten können ebenso Taktgeber sein wie die Stimmung innerhalb der Gruppe oder eine zeitliche Einteilung. Tiefgehende Gespräche wird es, die richtige Atmosphäre vorausgesetzt, auf jeden Fall geben – mit sich selbst oder mit den anderen Gruppenmitgliedern.

Im Folgenden soll kurz skizziert werden, welche Themenfelder durch einen Impuls angestoßen werden können:

– Der Lebensweg als Reise (Was liegt hinter mir? Wo komme ich her? – Was liegt vor mir? Wo gehe ich hin?)

– Die Reise ins Ich (Wer bin ich? Wann bin ich ganz bei mir? Wann entfremde ich mich von mir? Wie fühle ich mich gerade? Was nehme ich wahr?)

– Das Aufbrechen (Wann wird es Zeit, loszuziehen? Wann fliehe ich? Wann gehe ich mit einem guten Gefühl?)

– Das Unterwegs-Sein (Wann stehe ich zwischen den Stühlen? Wie ist das: zu reisen? Was sagt mir die Umgebung?)

– Das Ankommen (Wann bin ich angekommen? Wo fühle ich mich zuhause? Wann geht es nicht mehr weiter?)

– Die religiöse Reise (Wie ist meine Beziehung zu Gott? Bin ich religiös reisend? Bin ich auf der Suche?)

Eine Unterrichtssequenz – ein Pilgertag – eine Projektwoche. Drei Beispiele für eine unterrichtliche Einbindung des Pilgerns

Da es besonders schwer ist, sich einem Thema wie Pilgern im Rahmen des Unterrichts angemessen zu nähern, sind alle Versuche, dieses in den normalen zeitlichen Strukturen zu tun, zum Scheitern verurteilt. Sich auf seinem Weg Zeit zu lassen erfordert, sich Zeit nehmen zu können. Das Erlebnis des Pilgerns ist nicht mit den kurzen Zeiteinheiten des Schulalltags kompatibel. Eher bieten sich freiere Lernformen wie das projektartige Arbeiten an, auch im Rahmen einer AG könnte man sich mit Schülerinnen und Schülern dem Pilgern annähern. Die im Folgenden vorgestellte Form der Unterrichtseinheit versucht, dem Rechnung zu tragen, indem es eine Kombination aus einer Exkursion und ihrer theoretischen Vor- und Aufbereitung darstellt. Für sich genommen kann der Pilgertag auch eine Auszeit aus dem normalen Unterrichtsgeschehen darstellen, ohne in einer Unterrichtssequenz verankert zu sein.

a) Die Unterrichtssequenz

Die Unterrichtssequenz ist auf fünf Stunden angelegt, in deren Verlauf ein Pilgertag durchgeführt werden soll (vgl. das Material hierzu im Anhang). Eine Klausur kann die Einheit abschließen (siehe Anhang).

1. Stunde: Annäherung an das Pilgern
In der ersten Stunde ist es wichtig, einen Wissensabgleich der Lerngruppe zum Thema Pilgern vorzunehmen und das Vorwissen der Schülerinnen und Schüler nutzbar zu machen. So sollen sie in offener Form zunächst sammeln, was sie über das Pilgern bereits wissen, ob sie schon selbst Erfahrungen damit gemacht haben oder in welchen Kontexten sie damit konfrontiert wurden (Hinweise auf Schildern in Orten, Hape Kerkeling, Pilgerzeichen wie die Jakobsmuschel, etc.). Als Impuls kann man den Buchtitel von Hape Kerkeling, »Ich bin dann mal weg!«, oder den des zu lesenden Aufsatzes von Alexander Röder, »Beten mit den Füßen«, an die Tafel schreiben, um das Gespräch offener (bei manchen Lerngruppen sicher zu offen!) zu gestalten. Anschließend soll der Text von Alexander Röder gelesen und bearbeitet werden, der auf die Frage eingeht, warum Menschen pilgern. Abschließend soll der Text als Grundlage dienen, daraus in Gruppenarbeit einen Werbeprospekt für das Pilgern zu entwickeln, der dann vorgestellt und diskutiert wird.

2. Stunde: Verschiedene Formen des Pilgerns
Anhand von drei Bildern sollen die Schülerinnen und Schüler die zugrunde liegende Metaphorik (etwa: Pilgern als Lebens-Weg) sowie Symbolik (Pilgerstab, Pilgertasche, Pilgergewand, gekreuzte Pilgerstäbe, Jakobsmuschel) des Pilgerns ergründen.
Das Mosaik aus der Basilika Sant'Apollinare Nuovo in Ravenna stammt aus dem 6. Jahrhundert und bildet die drei Weisen aus dem Morgenland ab, die sich mit ihren Präsenten auf den Weg machen, um dem Stern folgend den König der Juden anzubeten. Die Szene zeigt keine Pilger im engeren Sinne, da sie nicht als solche gekennzeichnet sind oder die Reise an sich einen Wert hätte. Die Situation, in der sie sich befinden, ist aber trotzdem gut mit der späterer Pilger zu vergleichen.[128]
Das Bild von Jakobus dem Älteren als Pilger stammt etwa aus dem Jahre 1535 und wurde vom Meister von Meßkirch als Seitenaltar der Sankt-Martinskirche in Meßkirch entworfen. Es zeigt Jakobus als idealtypischen Pilger barfuß mit dem Pilgergewand und den Attributen des Stabes, der Jakobsmuschel sowie den gekreuzten Pilgerstäben am Hut. Die Darstellung von Jakobus als Pilger ist im Grunde genommen aber ein Anachronismus. Jakobus, von dessen Tod schon die Bibel berichtet (Apg 12,1f), soll nach Christi Himmelfahrt auf der iberischen Halbinsel gepredigt haben, aber wieder in seine Heimat zurückgekehrt sein. Nach seinem Tod wurde sein Leichnam der Legende zufolge in ein führerloses Schiff gesetzt, welches in der Gegend des heutigen Santiago de Compostela strandete, wo man ihn begrub. Erst im 9. Jahrhundert wurde das Grab wiederentdeckt und begründete den Pilgeransturm, der, durch versprochene Ablässe und besondere Gnadenjahre, ab dem 11. und 12. Jahrhundert in immer stärkerem Ausmaß einsetzte.
Die dritte Abbildung ist ein Holzstich von Alfred Rethel aus dem Jahre 1851 mit dem Titel »Der Tod als Freund«. Der personifizierte Tod trägt Pilgerinsignien – ebenso wie der Verstorbene, der sie vor seinem Tod beiseite gelegt hat. Der Tod läutet für den Türmer, stattdessen und vielleicht auch für ihn die Turmglocke. Dem Bild liegt die Deutung des Lebens als einer Pilgerfahrt zugrunde, die durch den Tod zu einem friedlichen Ende kommt: Der Mensch kommt am Ziel seiner Reise an.
Die drei Bilder sollen von jeweils einer Arbeitsgruppe erschlossen werden, um die Ergebnisse anschließend der Gesamtgruppe zu präsentieren. Fragen, die das Bildgeschehen klären helfen, sind:
– Wer wird auf dem Bild dargestellt? Was ist auf dem Bild zu sehen?

[128] Ähnliche Situationen gibt es auch schon im Ersten Testament, wenn sich Abraham etwa aus Ur auf den Weg macht ins gelobte Land. Die Situation des Auf-dem-Wege-Seins in der Fremde ist sogar typisch für das gesamte jüdische Volk, angefangen in der Exoduserzählung. Die christliche Vorstellung des wandernden Gottesvolkes ist eine Adaption dieser Tradition.

– In welcher Situation befindet/n er/sie sich gerade? Woher kommt er/kommen sie, wohin ziehen sie?

– Welche Symbole sind auf dem Bild dargestellt? Wofür stehen sie, was bedeuten sie?

– Wie ist das Gesamtbild zu deuten?

Um sich in die Bilder hineinzudenken, wäre es auch möglich, die Bilder per Beamer oder OHP an die Wand zu projizieren und durch die Schülerinnen und Schüler Texte in einer eingefügten Sprechblase entwerfen zu lassen, in der die jeweiligen Personen zu Wort kommen. In einem Gruppengespräch sollen die drei Bilder im Vergleich auf das Pilgern bezogen werden. Dabei soll der Begriff des Pilgerns ausgeschärft und in seiner inhaltlichen Tiefe und seinem Bedeutungsspektrum deutlich gemacht werden.

Abschließend sollen die Schülerinnen und Schüler in einem Standbild eine Pilgersituation entwerfen, die, ebenso wie die Darstellung von Rethel, metaphorisch sein kann. Dabei können auch mehrere Personen mitwirken. Fragen, die bei der Erarbeitung des Standbildes eine Rolle spielen, sind zum Beispiel: Wie stellt sich der Pilgernde dar? Wohin pilgert er? Warum pilgert er?

3. Stunde: Pilgern als religionsübergreifende Tradition

In dieser Stunde wird das Pilgern ausgeweitet als Phänomen verschiedener Weltreligionen und sowohl in der Bedeutung für die einzelne Person wie auch in seiner soziokulturellen und ökonomischen Dimension kritisch beleuchtet. In einem Gruppenpuzzle soll einer der drei (Zeitschriften-)Artikel zu den Pilgergewohnheiten in Christentum, Islam und Hinduismus zunächst alleine erarbeitet werden, um sie dann in einer der drei Gruppen zu besprechen, die den gleichen Text hatte. In dieser Gruppe soll eine Internetrecherche zu den jeweiligen Festen und zum religiösen Brauch des Pilgerns stattfinden, um den Artikel besser einordnen zu können. Anschließend sollen die Texte und Ergebnisse der Recherche in einer letzten Arbeitsgruppe, in der sich Vertreter der drei Gruppen befinden, vorgestellt werden. In dieser Gruppe sollen Gemeinsamkeiten und Unterschiede zwischen der Auffassung des Pil-

gerns herausgearbeitet werden. Die Ergebnisse sollen abschließend besprochen werden.

4. Stunde: Kritische Betrachtung des Pilgerns

Da es neben den guten Gründen zu pilgern auch durchaus kritische Nebentöne gibt, wie sie schon früh hörbar wurden, wenn etwa Luther dem abfällig betrachteten »Geläuff« sein *sola fide* entgegensetzt, sollen auch diese im Rahmen der kurzen Einheit berücksichtigt werden. Pilgern als »Narrenwerk«, das den reformatorischen Einsichten entgegensteht, ist eine Aussage, die man zumindest zu berücksichtigen hat und die die Motivation des Pilgerns kritisch in den Blick nimmt. »Pilgern ist Narrenwerk! (M. Luther)« ist ein Tafelanschrieb, um darüber ins Gespräch zu kommen, inwiefern das Pilgern auch zu kritisieren ist. Nach einer kurzen Diskussion darüber können sich die Schülerinnen und Schüler in einem Rollenspiel darüber austauschen; mögliche Settings dafür wären ein Pilger, der zu Luther kommt, oder eine Schulkonferenz, bei der es darum geht, ob ein Pilgertag einer Klasse stattfinden darf. In verschiedenen Rollen (Positionen für und wider) sollen sich die Schülerinnen und Schüler darüber austauschen, ob gepilgert werden sollte oder nicht. An diese Stunde schließt sich der Pilgertag an (siehe unten).

5. Stunde: Reflexion des Pilgertages

Die Erfahrungen, die auf dem Pilgertag schon niedergeschrieben und verdichtet wurden, sollen auf kreative Art und Weise zum Ausdruck gebracht werden. Zwei Möglichkeiten sollen dazu kurz vorgestellt werden:

– Wie die Jakobsmuschel Symbol für den Pilgerweg nach Santiago Compostela ist, so soll ein Symbol für den eigenen begangenen Pilgerweg gestaltet werden. Mögliche Materialien wären Holz[129] oder Ton. Die Erfahrungen in einem Symbol zu verdichten führt zur Elementarisierung der gesammelten Eindrücke, auch wenn am Ende »nur« ein Fragezeichen dabei herauskommt. Anschließend werden die Produkte betrachtet und einander vorgestellt.

– In einem Koffer liegen viele verschiedene Gegenstände wie eine Postkarte, ein Kom-

[129] Speckstein ist keine Alternative: Nach der Regel »Unterricht in Schulen mit gefährlichen Stoffen« der Deutschen Gesetzlichen Unfallversicherung (DGUV) von 2010 ist das »Be- und Verarbeiten von Speckstein, welcher Asbest enthalten kann, (…) generell unzulässig.« (DGUV, Berlin 2010, S. 64).

pass, eine Feder, ein Bild eines Labyrinths oder ähnliches. Die Schülerinnen und Schüler suchen sich unter dem Impuls »Meine Reise war für mich wie …« einen Gegenstand heraus, zu dem sie einen Text verfassen. In Kleingruppen liest man die Texte vor und tauscht sich darüber aus, um die Ergebnisse in der Gesamtgruppe zu besprechen.

6. Stunde (fakultativ): Klausur (siehe unten)

b) Der Pilgertag

Ausgehend von einem theoretischen Impuls zu Beginn des Tages sollen sich die Schülerinnen und Schüler praktisch erschließen, was der Unterschied zwischen einer touristischen Stadtbesichtigung und einem Pilgerweg ist. Auf einem Arbeitsblatt mit einem Zitat von Hape Kerkeling wird darüber hinaus auch der

Bogen vom Pilgerweg zum Lebensweg vorgestellt und die Schülerinnen und Schüler sollen sich vorab überlegen, mit wem und mit was sie sich heute auf den kurzen Pilgerweg begeben wollen (siehe Arbeitsblatt »Einstieg«). Dieser Einstieg soll ihnen vor Augen führen, dass es für einen langen Weg wichtig ist, nicht einfach (blind) drauf los zu laufen, sondern sich Gedanken zu machen, wer der Weggefährte oder die Weggefährtin dafür sein könnte und auf was für diesen Tag *nicht* verzichtet werden kann (Wasser, Nahrung) und auf was sehr wohl verzichtet werden könnte, vielleicht sogar sollte (Smartphones, Kameras, High Heels …).

Zum Abschluss des Tages sollen sich die Schülerinnen und Schüler wieder an einem geeigneten Ort treffen, um in einem »Pilgertagebuch« ihre Wege und Eindrücke zu beschreiben und zu reflektieren.

Verlaufsplanung

Zeit/ Phase	Inhalt/ Impulse	Funktion des Schrittes
Einstieg *60 Minuten*	Zitat von Hape Kerkeling zum Vergleich von Lebens- und Pilgerweg, Überleitung durch das Motiv der Pilgerreise in Abgrenzung zur Tourismusreise	Thematische Hinführung, Verhakung im Thema
Erarbeitung *30 Minuten*	Ausgehend vom vorherigen Unterrichtsgespräch sollen die SuS überlegen, mit wem und mit was sie den Pilgertag antreten wollen.	SuS setzen sich analytisch und elementarisierend mit dem Thema auseinander
Weg zum Startpunkt des Pilgerns: 30 Minuten		
Pilgern *4 ½ Stunden*	Pilgerweg	SuS begeben sich zu zweit oder zu dritt auf den Pilgerweg
Rückfahrt: 30 Minuten		
Reflexion *1 ½ Stunden*	Phase des kreativen Schreibens eines Pilgertagebuchs unter Berücksichtigung der gemachten Erfahrungen	Anwendung, kreative Entfaltung
Präsentation *30 Minuten*	Präsentation der Texte (freiwillig), Tagesausklang, Reflexion	Kritische Reflexion, Vergleich, Bewertung

c) Die Projektwoche

Noch intensiver als nur einen Tag mit Schülerinnen und Schülern zu pilgern oder eine in den zeitlichen Rahmen der Schule eingepasste eher theoretisch orientierte Sequenz zu unterrichten ist es natürlich, eine ganze Projektwoche dafür zu nutzen. Als verbindendes Element der Woche soll ein Pilgerstab gestaltet werden, an den jeden Abend ein kleines Papier- oder Metall-Symbol für den jeweiligen Pilgertag angebracht wird, sodass am Ende der Woche vier Symbole dort zu sehen sind. Der Pilgerweg muss dann entsprechend ausgewählt werden (siehe oben die Überlegungen zur Pilgerroute). Im Rahmen einer solchen Woche können die Abende dann auch dazu genutzt werden, sich über Filme mit dem Pilgern zu beschäftigen. Hier eignen sich die beiden Filme »Saint Jacques – Pilgern auf Französisch« oder »Brüder«, die beide beschreiben, wie sich unterschiedliche Menschen über den Pilgerweg näherkommen und ihr Leben meistern. Die Schülerinnen und Schüler können darüber ins Gespräch kommen, was die Anstrengung des Pilgerns bewirken kann und wie sie es empfinden, sich im stressigen Alltag einmal aus der Zeit zu setzen und sich auf das Nötigste zu beschränken.

Um auch den körperlichen Aspekt einzubeziehen, könnte ein Abend als Entspannungsabend geplant werden, mit Fußbädern, entspannender Musik, leckerem Essen etc., da Körper und Seele im Einklang sein müssen, um wirklich pilgern zu können. Entsprechende Passagen aus Kerkelings Hörbuch können den Abend humorvoll bereichern.

Die Projektwoche könnte dann im Groben so aussehen:

Tag 1:
Einstieg – theoretische Auseinandersetzung mit dem Pilgern an sich (z. B. über eine kurze Theorie des Pilgerns)
Pilgerweg
Gestaltung des Tagessymbols für den Pilgerstab
Kurze Schlussreflexion des Tages – Ausblick auf den Weg des nächsten Tages

Tag 2:
Kurze Morgenbesinnung
Pilgerweg
Gestaltung des Tagessymbols für den Pilgerstab
Gemeinsames Essen – Film »Saint Jacques – Pilgern auf Französisch«

Tag 3:
Kurze Morgenentspannungsübungen
Pilgerweg
Gestaltung des Tagessymbols für den Pilgerstab
Gemeinsames Essen – Entspannungsabend mit Fußbädern und heißen Tüchern für den verspannten Nacken

Tag 4:
Kurze Morgenbesinnung
Pilgerweg
Gestaltung des Tagessymbols für den Pilgerstab
Gemeinsames Essen – Film »Brüder«

Tag 5:
Kurze Morgenentspannungsübungen
Schlussreflexion der Pilgerwoche
Präsentation der Pilgerstäbe
Gemeinsamer Abschluss

Vorschlag für eine Klausur

Es ist nicht einfach, zu einer Pilgereinheit eine Klausur zu stellen, da die Bewertung einer »Pilgerleistung« nicht möglich ist. Auf theoretischer Ebene kann aber an die Auseinandersetzung in den vorausgehenden Schulstunden angeknüpft werden.

Der Klausurvorschlag bezieht sich daher auf eine subjektive Schilderung einer Kultur- und Medienmanagerin zu ihrer Pilgerfahrt nach Lourdes und ist samt Erwartungshorizont im Anhang zu finden.

Literatur

Albus, Stefan: Santiago liegt gleich um die Ecke. Pilgern in Deutschland, Gütersloh 2011.

Coelho, Paulo: Auf dem Jakobsweg: Tagebuch einer Pilgerreise nach Santiago de Compostela, Zürich 2007.

Conring, Barbara: TimeOut – Andere Zeiten. Stille, Rückzug, Rhythmisierung, Begrenzung und Entschleunigung erfahren, in: Religion 5-10, Heft-Nr. 3 (2011), S. 32-38.

Dressler, Bernhard: Darstellung und Mitteilung. Religionsdidaktik nach dem Traditionsabbruch. In: Silke Leonhard/Thomas Klie (Hg.): Schauplatz Religion. Grundzüge einer performativen Religionsdidaktik. Leipzig 2003.

Felder, Michael: Spiritualität auf dem Boden der Schule, München 2003.

Feldweg, Bettina: Losgehen, um anzukommen: Die Faszination des Pilgerns. Mit einem Vorwort von Hape Kerkeling, München 2009.

Fischer, Dietlind und Volker Elsenbast (Redaktion): Grundlegende Kompetenzen religiöser Bildung. Zur Entwicklung des evangelischen Religionsunterrichts durch Bildungsstandards für den Abschluss der Sekundarstufe I, Münster 2006.

Grün, Anselm und Jürgen Hohmuth: Die Weisheit des Pilgerns, Gütersloh 2008.

Hintersberger, Benedikta und Theodor Hausmann: Mit Jugendlichen meditieren. Übungen und Anleitungen für Schule und Jugendarbeit, München 2005.

Hormes, Stephan und Silke Peust: Pilgern in Deutschland. Übersichtskarte der Pilgerziele und -wege in Deutschland, Lübeck 2010.

Joos, Raimund: Pilgern auf den Jakobswegen, Welver 2010.

Kerkeling, Hape: Ich bin dann mal weg. Meine Reise auf dem Jakobsweg. München 2009, 2. Auflage.

Kirchenamt der EKD (Hg.): Kerncurriculum Evangelische Religionslehre. Themen und Inhalte für die Entwicklung von Kompetenzen religiöser Bildung. EKD Texte 109. Hannover 2010.

Lidell, Elisabeth und Anette Foged Schultz: Dem Glauben Beine machen. Pilgerwanderungen mit Kindern und Jugendlichen, Gütersloh 2010.

Maltzahn, Sophie von: Mein Wunder von Lourdes. In: DIE ZEIT, 21. 10. 2010, Nr. 43.

Roeger, Carsten: Mystagogische Schulpastoral. Grundlagen und Realisierungsmöglichkeiten, Berlin 2009.

Schambeck, Mirjam: Mystagogisches Lernen. In: Georg Hilger/Stephan Leimgruber/Hans-Georg Ziebertz (Hg.): Religionsdidaktik. Ein Leitfaden für Studium, Ausbildung und Beruf, München 2001, S. 373–384.

Beschlüsse der Kultusministerkonferenz: Einheitliche Prüfungsanforderung in der Abiturprüfung Evangelische Religionslehre. Beschluss der Kultusministerkonferenz vom 01. 12. 1989 i. d. F. vom 16. 11. 2006

Filme:

Saint Jacques – Pilgern auf Französisch. 2008.
Inhalt: Drei Geschwister sollen das Erbe ihrer Mutter erst erhalten, wenn sie sich auf den Jakobsweg nach Santiago de Compostela machen. Das ist mit gewissen Hindernissen verbunden: Sie sind sich spinnefeind, sind Ungläubige und obendrein körperlich alles anderes als fit. Die anderen Teilnehmer des Trips sind wenig angetan von der illusionslosen, schlecht gelaunten Lehrerin Clara, dem ständig am Handy hängenden Unternehmer Pierre und dem bekennenden Alkoholiker Claude. Doch das gemeinsame Leiden schweißt zusammen.

Brüder. 2006.
Inhalt: Ernst (Erwin Steinhauer), Ludwig (Wolfgang Böck) und Adrian (Andreas Vitásek) sind Brüder. Und das ist ja eine feine Sa-

che. Als Kinder waren sie nicht wirklich ein Herz und eine Seele. Na ja und heute erst ... Jedenfalls als die geliebte Mutter unerwartet und unter rätselhaften Umständen stirbt, treffen die Drei wieder aufeinander und die Vergangenheit holt sie ein. Eine Vergangenheit, die in Wirklichkeit eine andere war, als sie dachten. Nur schwer gelingt es den Brü-dern ihre Gefühle für einander auszudrücken und schließlich auch dazu zu stehen. Auf ihrer gemeinsamen Vater- und Identitätssuche pilgern die drei ungleichen Brüder bis nach Spanien, aber allen Hindernissen zum Trotz werden sie zu dem, was sie eigentlich nie waren: einer Familie.

D Material

Kommt herbei, singt dem Herrn

deutscher Text: Diethard Zils, Musik: aus Israel

Kommt her - bei,   singt dem Herrn,   ruft ihm zu, der   uns be - freit.

Sin -gend lasst uns   zu ihm tre - ten,   mehr als Wor - te   sagt ein Lied. Sin - gend lasst uns

vor ihn   tre - ten, mehr als Wor - te   sagt ein Lied.

Gedränge und Gerempel

Text: Andreas Ebert u. Kirsten Fiedler, Musik: Andreas Ebert

1. Ge - drän-ge und Ge - rem - pel: Das Volk will hin zum Tem - pel. "Heut fei - ern wir das Pas - sah - fest, weil Gott sein Volk nie - mals ver - lässt."

2. Aus Nazaret die Leute
sind auch gekommen heute.
Und Jesus ist zwölf Jahre schon,
Marias und des Josefs Sohn.

3. Nur manchmal bleibt er stehen:
Es gibt so viel zu sehen.
Doch zieht´s ihn dann woanders hin,
denn vieles geht ihm durch den Sinn.

4. Da! Weiß und gold und prächtig
die Mauern, groß und mächtig,
der Tempel, Gottes eignes Haus.
Da muss er hin! Er hält´s kaum aus.

5. Da sitzen fromme Männer.
Er weiß: Das sind die Kenner.
Die sind so weise, so gescheit,
die wissen über Gott Bescheid.

6. Erst lauscht er, was sie sagen.
Dann stellt er viele Fragen.
Die Alten sind ganz fasziniert,
wie dieser Bub nach Wissen giert.

7. Er kann sich gar nicht trennen.
Er fühlt in sich ein Brennen
und spürt in sich die Ewigkeit,
vergisst die Eltern und die Zeit.

8. Die Eltern, Onkel, Tanten
und alle Anverwandten
sind fast zu Haus schon - da, ein Schreck:
"Der Junge fehlt! Das Kind ist weg!"

9. Sie lassen alles stehen,
um nach dem Kind zu sehen.
Im Tempel finden sie ihn dann:
Dort sitzt er, redet wie ein Mann.

10. Und seine Eltern schelten:
"Lässt du uns gar nicht gelten?
Und machst ganz einfach, was du denkst!
Merkst du denn nicht, wie du uns kränkst?"

11. Er kann sie nicht verstehen und fragt:
"Könnt ihr nicht sehen,
an diesen Ort gehör ich hin,
wo ich bei meinem Vater bin!"

12. Dann geht er mit den beiden
nach Hause. Sie vermeiden,
ihn mehr zu fragen. Und er spürt
genau jetzt, wo er hingehört.

Ich singe dir mit Herz und Mund

Text: Paul Gerhardt, Musik: Johann Crüger

Ich sin - ge dir mit Herz und Mund, Herr, mei - nes Herzens Lust; ich sing und mach auf Er - den kund, was mir von dir be - wusst.

Wer hat das schöne Himmelszelt hoch über uns gesetzt?
Wer ist es, der uns unser Feld mit Tau und Regen netzt?

Wer wärmet uns in Kält und Frost? Wer schützt uns vor dem Wind?
Wer macht es, dass man Öl und Most zu seinen Zeiten find´t?

Wer gibt uns Leben und Geblüt? Wer hält mit seiner Hand
den güldnen, werten, edlen Fried in unserm Vaterland?

Ach Herr, mein Gott, das kommt von dir, du, du musst alles tun,
du hältst die Wach an unsrer Tür und lässt uns sicher ruhn.

Wohlauf, mein Herze, sing und spring und habe guten Mut!
Dein Gott, der Ursprung aller Ding, ist selbst und bleibt dein Gut.

M 1.4

Beispiel einer typografischen Gestaltung der ersten Strophe:

Ich *singe* dir mit *Herz* und Mund, Herr meines Herzens *Lust*;

ich sing und mach auf ERDEN kund, was mir von dir bewusst.

Beispiel einer Schlagwortwolke für das gesamte Lied:

Martin Luther und das Singen

Martin Luther war der Gesang sehr wichtig, deswegen hat er viele Lieder geschrieben oder aus dem Lateinischen übersetzt, damit sie in der Gemeinde auch von Leuten gesungen werden konnten, die kein Latein verstanden.
Valentin Babst, ein Buchdrucker aus Leipzig, veröffentlichte 1545 ein reich mit Bildern verziertes Gesangbuch, das Martin Luther sehr gut gefiel. Daraufhin schrieb er ein Vorwort für diese Liedersammlung, aus dem der folgende Text stammt:

„Im Psalm 96 steht: Singet dem Herrn ein neues Lied. Singet dem Herrn alle Welt. Es war im alten Testament unter dem Gesetz Mose der Gottesdienst fast schwer und mühselig, da sie so viel und mancherlei Opfer darbringen mussten von allem, was sie hatten, zu Hause und auf dem Feld. Das tat das Volk, das faul und geizig war, sehr ungern. (...) Wo aber so ein faules und unwilliges Herz ist, da kann gar nichts oder nichts Gutes gesungen werden. Fröhlich und lustig muss Herz und Gemüt sein, wo man singen soll. Darum hat Gott solchen faulen und unwilligen Gottesdienst abgeschafft. (...)
Also ist nun im neuen Testament ein besserer Gottesdienst, wovon der Psalm sagt: Singet dem Herrn ein neues Lied. Singet dem Herrn alle Welt. Denn Gott hat unser Herz und Gemüt fröhlich gemacht durch seinen lieben Sohn, welchen er für uns gegeben hat zur Erlösung von Sünden, Tod und Teufel. Wer das ernsthaft glaubt, der kann es nicht lassen, er muss fröhlich und mit Lust davon singen und sagen, dass es andere hören und dazukommen. Wenn aber einer davon nicht singen und sagen will, dann ist das ein Zeichen, dass er es nicht glaubt und nicht ins neue, fröhliche Testament, sondern unter das alte, faule, lustlose Testament gehört.
Darum tun die Drucker sehr wohl daran, dass sie gute Lieder fleißig drucken und mit allerlei Zierde den Leuten angenehm machen, damit sie zu solcher Freude des Glaubens gereizt werden und gerne singen." (...)

Arbeitsaufträge:

- Beschreibt in eigenen Worten, was Martin Luther über das Singen sagt.

- Vergleicht Luthers Ansichten mit unseren Ideen auf dem Plakat „Was Lieder alles können".

- Gestaltet in eurer Gruppe ein Werbeplakat für ein gemeinsames Singen in eurer Kirche. Denkt euch dazu einen passenden Titel für die Veranstaltung aus, der das Thema genau trifft und möglichst viele Menschen anlockt. Ihr könnt dafür auch aus den Liedern, die wir in den letzten Stunden gesungen haben, zitieren.

Laudato si, o mi signore

Text: Winfried Pilz, Musik: Volkslied aus Italien

Lau-da-to si, o mi sig-no - re, Lau-da-to si, o mi sig-no - re

Lau-da - to si, o mi sig-no - re Lau-da-to si, o mi sig-nor! Sei ge-

prie-sen, du hast die Welt geschaffen, sei ge-priesen für Sonne, Mond und Sterne, sei ge-

prie-sen für Meer und Kontinente, sei ge-prie-sen, denn du bist wun-der-bar, Herr!

2. Sei gepriesen für Licht und Dunkelheiten!
Sei gepriesen für Nächte und für Tage!
Sei gepriesen für Jahre und Gezeiten!
Sei gepriesen, denn du bist wunderbar, Herr!

3. Sei gepriesen für Wolken, Wind und Regen!
Sei gepriesen, du lässt die Quellen springen!
Sei gepriesen, du lässt die Felder reifen!
Sei gepriesen, denn du bist wunderbar, Herr!

4. Sei gepriesen für deine hohen Berge!
Sei gepriesen für Feld und Wald und Täler!
Sei gepriesen für deiner Bäume Schatten!
Sei gepriesen, denn du bist wunderbar, Herr!

5. Sei gepriesen, du lässt die Vögel singen!
Sei gepriesen, du lässt die Fische spielen!
Sei gepriesen für alle deine Tiere!
Sei gepriesen, denn du bist wunderbar, Herr!

6. Sei gepriesen, denn du, Herr, schufst den Menschen!
Sei gepriesen, er ist dein Bild der Liebe!
Sei gepriesen für jedes Volk der Erde!
Sei gepriesen, denn du bist wunderbar, Herr!

7. Sei gepriesen, du selbst bist Mensch geworden!
Sei gepriesen für Jesus, unsern Bruder!
Sei gepriesen, wir tragen seinen Namen!
Sei gepriesen, denn du bist wunderbar, Herr!

8. Sei gepriesen, er hat zu uns gesprochen!
Sei gepriesen, er ist für uns gestorben!
Sei gepriesen, er ist vom Tod erstanden!
Sei gepriesen, denn du bist wunderbar, Herr!

9. Sei gepriesen, o Herr, für Tod und Leben!
Sei gepriesen, du öffnest uns die Zukunft!
Sei gepriesen, in Ewigkeit gepriesen!
Sei gepriesen, denn du bist wunderbar, Herr!

Als Israel in Ägypten war

Text: Stefan Hansen, Musik: Spiritual

1. Als Is - rael in Ä - gyp- ten war, lass es ziehn, mein Volk, Geh hin,
von har-ter Hand ge-knechtet war, lass es ziehn, mein Volk.
Mo - ses, geh nach Ä - gyp - ten - land. Sag doch dem
Pha-ra - o: Lass es ziehn, mein Volk!

2. "Es sagt der Herr", sprach Moses laut,
"lass es ziehn, mein Volk.
Sie sollen nicht mehr Knechte sein.
Lass es ziehn, mein Volk."

3. Der Herr gab Moses seinen Rat,
lass es ziehn, mein Volk.
Den Israeliten wies er den Pfad.
Lass es ziehn, mein Volk.

Habt ihr schon gehört von Abraham?

Text: Joachim Kreiter, Musik: Jan Witt

1. Habt ihr schon ge-hört von A - bra - ham, der aus Ur in Chal-
dä - a kam? Tau - send Mei - len musst er rei - sen
in das Land, das Gott wollt wei - sen. Tau - send Mei - len
zog er fort und sein Kom - pass war Got - tes Wort.

2. Habt ihr schon gehört das Gotteswort:
   Zieh aus deiner Freundschaft fort!
   Ich will segnen, die dich segnen,
   strafen, die dir schlecht begegnen.
   Ist dein Nam´ auch arm und klein,
   soll allem Volk doch zum Segen sein.

Als rhythmische Begleitung eignet sich ein aus dem arabischen Raum stammendes Pattern namens **Maqsum**.
Es wird normalerweise auf einer sog. Dumbek gespielt, kann aber auch auf anderen Trommeln oder Gegenständen
umgesetzt werden. Das "dum" sollte eher ein dunkler, das "tak" ein heller Klang sein.

dum   tak   tak   dum   tak

D.2 Materialien zu C.2 Beten

Anschreiben des Verlags

Verlag Zwischen zeile

An die Schülerinnen und Schüler
der Klassenstufen 7 und 8
und ihre Religionslehrerkräfte

Eine Gebetssammlung von Euch für Euch!

Liebe Schülerinnen, liebe Schüler!

Wir wollen ein Buch herausgeben, in dem Gebete zu finden sind, die Jugendlichen von heute etwas sagen und die ihr möglicherweise selbst auch sprechen würdet.
Deswegen bitten wir euch um Mithilfe als Autorinnen und Autoren und freuen uns, wenn ihr mitmacht!

Wir stellen uns das so vor:

In Teil 1 des Buches wollen wir Gebetstexte veröffentlichen, die Menschen schon vor vielen Jahren gebetet haben und die auch euch heute noch etwas bedeuten. Vielleicht, weil sie ein bisschen seltsam klingen und etwas Besonderes sind, vielleicht, weil ihr Lust habt, die Texte so umzuschreiben, dass sie für euch verständlich werden. Alte und neue Texte stellen wir gegenüber.

In Teil 2 wollen wir dann Gebete zu verschiedenen Anlässen sammeln – von euch geschrieben und für Situationen, die ihr alle kennt: die bevorstehende Mathearbeit, die verlorene große Liebe, die großen und kleinen Sorgen, Streit, Hoffnung oder einfach die Freude am Leben. Nur ihr findet die richtigen Worte für Jugendliche in eurem Alter!

Im **dritten und letzten Teil** dürft ihr dann eure Meinungen loswerden zu den Fragen, ob ein Gebet eigentlich etwas bringt und ob da irgendwer antwortet. Kritische Stimmen sind ausdrücklich erwünscht!

Bilder oder Fotos sollen auch nicht fehlen!

Wir lassen euch beim Schreiben nicht allein: Wir haben Texte, Hilfestellungen und Tipps in zusammengestellt, sodass es gleich losgehen kann. Eure Lehrerin oder euer Lehrer weiß, wie's geht.

Wie gesagt: Wir brauchen eure Hilfe und sind gespannt auf eure Beiträge!

Viele Grüße sendet Euch

der **Verlag** Zwischen zeile

M 2.2   **Arbeitsaufträge zur ersten Doppelstunde**

Du hast dir einen Psalm oder das Vaterunser ausgesucht. Vielleicht hat dich ein Vers besonders angesprochen, vielleicht war es auch nur Zufall, dass du ausgerechnet diesen alten Text vor dir hast. Der Text wurde schon etwas modernisiert, aber etwas seltsam klingen die Verse doch noch, oder?

Du musst wissen: Die Texte werden schon seit hunderten und tausenden von Jahren gebetet; irgendetwas müssen die Leute schon an ihnen finden – du auch?

1. Wähle, nachdem ihr alle Möglichkeiten besprochen habt, eine Bearbeitungsweise für den Text aus. Arbeite mit ihrer Hilfe die Kernaussage des Texts heraus.

---

den wichtigsten Vers ausschneiden und ausgestalten

wichtige Wörter markieren

den Text mit eigenen Worten nacherzählen

alle unwichtigen Wörter schwärzen

ein Achrostikon aus dem wichtigsten Wort erstellen

eine Verscollage aus wichtigen Wörtern gestalten

den Text zu einer SMS umformulieren

Kommentare/Fragen an den Rand schreiben

Alle Verse ausschneiden und neu zusammensetzen

Den Text mit passender Betonung vorsprechen

oder eine eigene Idee:

---

2. Benenne die Kernaussage des Texts und erkläre, in welcher Lage sich der Beter befindet. Erläutere, ob du die Aussage des Gebets in der heutigen Zeit noch aktuell findest.

3. Vergleiche den umgestalteten Text mit dem Original und begründe, welcher Text dir besser gefällt.

Sammlung alter Gebetstexte

Du bist mein guter Hirte,
mir wird nichts fehlen.
Du weidest mich auf einer grünen Wiese
und führst mich zum frischen Wasser.
Du erfrischst meine Seele
und leitest mich auf einem geraden Weg.
Und wenn ich hinab muss in ein finstres Tal,
fürchte ich kein Unglück.
Denn Du bist bei mir,
Deine Hand und Stimme trösten mich.
Du deckst mir einen reichen Tisch
und schenkst mir voll ein.
Gutes wird mir folgen mein Leben lang
und ich bleibe in Deinem Haus alle Zeit.

Vater unser im Himmel!
Geheiligt werde Dein Name.
Dein Reich möge kommen.
Dein Wille möge geschehen
wie im Himmel, so auch auf der Erde.
Bitte gib uns unser tägliches Brot
und vergib uns unsere Schuld,
wie auch wir vergeben unseren Schuldigern.
Und führe uns nicht in Versuchung,
sondern erlöse uns bitte von dem Bösen.
Denn Dein ist das Reich und die Kraft und die
Herrlichkeit in Ewigkeit.
Amen.

Wenn Du mich aus meiner Trauer erlöst,
werde ich sein wie ein Träumender.
Dann wird mein Mund voller Lachen sein
und meine Zunge voll des Lobes.

(nach Psalm 126)

Ich singe Dir ein neues Lied,
ich singe es Dir mit der ganzen Welt.
Denn Du bist sehr groß
und tust so viele Wunder.
Der Himmel freue sich mit mir,
und die Erde sei glücklich wie ich.
Das Meer soll brausen
und die Ströme jubeln.
Die Berge sollen jauchzen.
Denn Du kommst und bringst Wahrheit und
Gerechtigkeit.

(nach Psalm 96 und 98)

Zeige mir den Weg in ein gutes Leben
Und hilf mir, diesen Weg zu gehen.
Denke nicht an meine vielen Fehler,
ich weiß, dass ich schlecht gehandelt habe,
nun will ich mich ändern.

(nach Psalm 25)

Ich schaue empor zum Himmel,
woher kommt meine Hilfe?
Meine Hilfe kommt von Dir,
Du hast Himmel und Erde geschaffen.
Du wirst meinen Fuß nicht gleiten lassen,
Du schläfst nicht.
Du spendest mir Schatten,
damit mich am Tag die Sonne nicht sticht
noch der Mond in der Nacht.
Du behütest mich vor allem Übel,
Du behütest meine Seele.

Deine Güte reicht, so weit der Himmel ist,
und Deine Wahrheit geht, so weit die Wolken fliegen.
Deine Gerechtigkeit steht so fest wie die Berge,
und Deine Liebe fließt so frei wie das Meer.
Du hilfst Menschen, Tieren, Pflanzen,
und wir finden Zuflucht unter Deinen Flügeln.
Bei Dir ist die Quelle des Lebens.

(nach Psalm 36)

Warum, warum hast Du mich verlassen?
Ich schreie, aber meine Hilfe ist fern.
Ich rufe am Tag, aber Du antwortest nicht,
und in der Nacht, aber ich finde keine Ruhe.
Ich bin ein Wurm und kein Mensch,
und die Leute verachten und verspotten mich.
Sei doch wenigstens Du nicht feindlich,
denn kein Mensch hilft mir.

(nach Psalm 22)

entnommen aus: J. H. Claussen, O Gott! Warum und wie wir beten oder auch nicht, München 2008, leicht verändert und gekürzt.

M 2.4   Gebetsanlässe

Überlege, was du beten könntest ...

... wenn du Angst hast

... wenn du im Freien bist

... wenn du verliebt bist

... wenn du einfach nur glücklich bist

... wenn du Sehnsucht hast

... wenn du schlafen gehst

... wenn du ganz allein bist

... wenn du Dein Leben ändern willst

... wenn du eine Arbeit schreibst

... wenn du etwas zum Festhalten brauchst

... wenn du einen Menschen verloren hast, den du lieb hattest

... wenn ein Freund nicht mehr dein Freund ist

... wenn etwas gerade noch mal gut gegangen ist

... wenn deine Eltern dich mal wieder völlig falsch verstehen

... wenn du Sorgen hast

entnommen aus: J. H. Claussen, O Gott! Warum und wie wir beten oder auch nicht, München 2008, mit Ergänzungen.

Arbeitsaufträge zur zweiten Doppelstunde

1. Auf dem Blatt findest du viele Situationen, in denen ein Gebet gut tun kann. Entscheide dich für eine Situation, mit der du dich beschäftigen möchtest, und markiere sie.

2. Suche dir einen Platz, an dem du ungestört und gerne arbeitest.
   Verfasse jetzt ein Gebet mit deinen Worten, das zu dem ausgewählten Anlass passt.

Hinweise:

– Lass dir Zeit!
– Fertige zuerst eine Liste mit Gedanken und/oder Wörtern an, die du verwenden willst (Schreibplan). Versuche, wenn möglich, dir die Situation vorzustellen.
– Probiere verschiedene Formulierungen aus. Manchmal muss man einen Satz mehrmals schreiben, bis er passt. Streiche einen Satz durch, wenn du merkst, dass er unpassend ist.
– Es ist auch möglich, Sätze umzustellen.

3. Lies dein Gebet mehrmals durch. Wenn du zufrieden bist, schreibe es als Endfassung ab und gestalte das Blatt aus. Du kannst z. B. zum Gebet malen oder zeichnen, einzelne Buchstaben oder Zeilen hervorheben, verschiedene Schriften benutzen und vieles mehr. Der Einsatz von Buntstiften ist sehr erwünscht!

Vielleicht gibt es irgendwo in der Schule ein Motiv, das zu deinem Gebet passt. Fotografiere es!

Arbeitsaufträge zur dritten Doppelstunde

1. Suche dir einen Gebetstext aus, der dich spontan anspricht und geh an einen Ort, an dem du dich unbeobachtet und wohl fühlst.

2. Experimentiere mit dem Text und finde heraus, welche Vortragsweise für ihn passend ist. du kannst z. B.

– den Gebetstext ganz leise oder ganz laut sprechen
– nur die Worte aussprechen, die dir wichtig sind
– den Text leise Wort für Wort lesen
– herumlaufen und bei jedem Schritt ein Wort sprechen
– nach dem Lesen deine Gedanken zum Gebet aussprechen oder aufschreiben
– aufschreiben, welche Antwort du dir wünschen würdest
– das Gebet zu einem Dialog zwischen Beter und Gott umschreiben
– andere Methoden einsetzen, die du im Umgang mit Texten gelernt hast.

3. Erläutere in Stichworten, welche Reaktion auf das Gebet du erwarten würdest.

Hilfsfragen: Was sollte passieren? Kannst du erkennen, dass das Gebet »angekommen« ist?
Wie sollte eine Antwort übermittelt werden?
Deine Notizen oder Gedanken brauchst du später noch!

M 2.7   **Statements verschiedener Jugendlicher**

>»Manchmal bete ich. Wenn ich richtig Mist gebaut habe, oder wenn ich Angst habe. Dann denke ich ein paar Sätze und hoffe, dass Gott mich hört und mir hilft.«
>
>Tom, 11 Jahre

>»Warum soll ich denn beten? Ich weiß nicht mal, ob mich Gott oder wer auch immer hört. Geantwortet hat mir jedenfalls niemand.«
>
>Benny, 14 Jahre

>»Ich habe als Kind manchmal gebetet, in der Kirche oder vorm Einschlafen. Dann habe ich mir von der Seele geredet, was mich bedrückt hat. Das hat gut getan, oft ging es mir besser. Vielleicht sollte ich es mal wieder ausprobieren?«
>
>Lukas, 22 Jahre

>»Wenn ich bete, hab ich das Gefühl, dass sich Dinge ändern. Vielleicht nicht sofort, aber ich merke manchmal, wie sich Probleme lösen und dann denke ich mir, dass Gott vielleicht nicht mit mir redet, aber doch irgendwas tut.«
>
>Clara, 13 Jahre

>»Ich habe es mal mit Beten probiert, als meine Eltern sich gestritten haben. Ich habe in meinem Zimmer immer wieder gebetet »Lieber Gott, bitte hilf mir, bitte lass meine Eltern nicht mehr streiten.« Am Ende haben sie sich doch getrennt. Gott hat mir nicht geantwortet.«
>
>Vanessa, 13 Jahre

D.3 Material zu C.3 Hören – Lesen – Studieren

Anmerkung: Sämtliche Zitate aus der Bibel entstammen der 1984 revidierten Übersetzung Martin Luthers.

Textauszug Johannesprolog

<u>Das Wort ward Fleisch</u>
Im Anfang war das Wort, und das Wort war bei Gott, und Gott war das Wort.
Dasselbe war im Anfang bei Gott.
Alle Dinge sind durch dasselbe gemacht, und ohne dasselbe ist nichts gemacht,
was gemacht ist.
[…]
Und das Wort ward Fleisch und wohnte unter uns, und wir sahen seine
Herrlichkeit, eine Herrlichkeit als des eingeborenen Sohnes vom Vater, voller
Gnade und Wahrheit.
Johannes gibt Zeugnis von ihm und ruft: Dieser war es, von dem ich gesagt
habe: Nach mir wird kommen, der vor mir gewesen ist; denn er war eher als
ich. Und von seiner Fülle haben wir alle genommen Gnade um Gnade.
Denn das Gesetz ist durch Mose gegeben; die Gnade und Wahrheit ist durch
Jesus Christus geworden.

(Joh 1,1–3.14–17)

Auszüge aus dem Psalter

M 3.2

Psalm 57,8–12

Mein Herz ist bereit, Gott,
mein Herz ist bereit,
dass ich singe und lobe.
Wach auf, meine Seele,
wach auf, Psalter und Harfe,
ich will das Morgenrot wecken!
Herr, ich will dir danken unter den Völkern,
ich will dir lobsingen unter den Leuten.
Denn deine Güte reicht,
so weit der Himmel ist,
und deine Wahrheit,
so weit die Wolken gehen.
Erhebe dich, Gott, über den Himmel
und deine Herrlichkeit über alle Welt.

M 3.3

Psalm 23

Der Herr ist mein Hirte,
mir wird nichts mangeln.
Er weidet mich auf einer grünen Aue
und führet mich zum frischen Wasser.
Er erquicket meine Seele.
Er führet mich auf rechter Straße
um seines Namens willen.
Und ob ich schon wanderte im finstern Tal,
fürchte ich kein Unglück:
Denn du bist bei mir,
dein Stecken und Stab trösten mich.
Du bereitest vor mir einen Tisch
im Angesicht meiner Feinde.
Du salbest mein Haupt mit Öl
und schenkest mir voll ein.
Gutes und Barmherzigkeit werden mir folgen mein Leben lang,
und ich werde bleiben im Hause des Herrn immerdar.

Psalm 69,2–5.14–15

Gott, hilf mir!
Denn das Wasser geht mir bis an die Kehle.
Ich versinke in tiefem Schlamm,
wo kein Grund ist;
ich bin in tiefe Wasser geraten,
und die Flut will mich ersäufen.
Ich habe mich müde geschrien,
mein Hals ist heiser.
Meine Augen sind trübe geworden,
weil ich so lange harren muss
auf meinen Gott. [...]
Ich aber bete zu dir, Herr,
zur Zeit der Gnade;
Gott, nach deiner großen Güte
erhöre mich mit deiner treuen Hilfe.
Errette mich aus dem Schlamm,
dass ich nicht versinke,
dass ich errettet werde vor denen,
die mich hassen.

Psalm 88,1–4.15–17

Herr, Gott, mein Heiland,
ich schreie Tag und Nacht vor dir.
Lass mein Gebet vor dich kommen,
neige deine Ohren zu meinem Schreien.
Denn meine Seele ist übervoll an Leiden,
und mein Leben ist nahe dem Tode. [...]
Warum verstößt du, Herr, meine Seele
und verbirgst dein Antlitz vor mir?
Ich bin elend und dem Tode nahe von Jugend auf;
ich erleide deine Schrecken,
dass ich fast verzage.
Dein Grimm geht über mich,
deine Schrecken vernichten mich.

Placemats

M 3.6

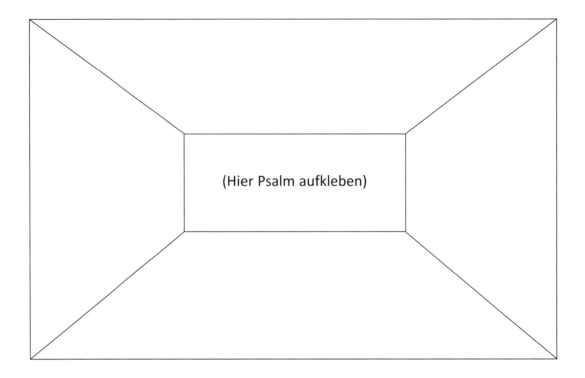

(Hier Psalm aufkleben)

M 3.7

Leitfragen für das Hören von Psalmen

→ Was fällt mir auf?
→ Was irritiert mich?
→ Was spricht mich an?

Bibliolog zu Mt 20,1–16   M 3.8

Prolog:

Ich lade euch heute ein, mit mir zusammen eine spannende Reise anzutreten. Wir reisen als Gruppe zusammen in einen Text hinein, den wir gemeinsam entdecken wollen.

Ich werde euch gleich in eine biblische Geschichte hineinführen, zu dieser einiges erzählen und dann ein kleines Stück vorlesen. Dann werde ich die Geschichte anhalten und euch bitten, sich in eine Gestalt aus dieser Geschichte hineinzuversetzen. Als diese Gestalt werde ich euch ansprechen und euch etwas fragen. Und ihr könnt dann in dieser Rolle antworten. Ihr müsst dabei nicht besonders laut sprechen, denn ich komme zu euch und sage das, was ihr aussprecht, noch einmal in eigenen Worten.

Ganz wichtig ist: Ihr könnt hier überhaupt nichts Falsches sagen. Es gibt hierbei keine richtigen und falschen Aussagen, sondern nur wichtige und interessante Entdeckungen. Und: alle dürfen sich laut beteiligen, aber niemand muss. Wer die Reise still für sich erleben will, der darf das auch gerne tun. Nur: Wenn alle ihre Gedanken für sich behalten, dann wird es weniger interessant, als wenn viele sagen, was sie im Text entdecken.
Es macht übrigens überhaupt nichts aus, wenn sich einige Antworten stark ähneln.
Macht es euch jetzt bequem und hört genau zu – die Reise beginnt.

Hinführung:

Wir begeben uns gemeinsam gut 2000 Jahre zurück in die Zeit Jesu.
Jesus ist durch das Land gezogen und hat seine neuen Ansichten den Menschen in Geschichten erzählt. Eine dieser Geschichten wollen wir nun gemeinsam entdecken.

Die Geschichte hat mit Wein zu tun. Im Alten Orient galt Judäa, wo unsere Geschichte spielt, als besonders gute Lage, um Wein anzubauen. Da die Nachfrage nach Wein sehr hoch war, konnte man durch den Weinanbau ein gutes Geschäft machen. Jedoch ist der Weinanbau auch mit harter Arbeit verbunden.

Es war damals sehr heiß, deshalb fand schwere Arbeit häufig in den frühen Morgenstunden statt. Besonders die Arbeit in einem Weinberg ist schweißtreibend und anstrengend, da z. B. die schweren Körbe getragen werden müssen.
Um Arbeiten bewältigen zu können, die nur in bestimmten Jahreszeiten anfielen, wie die Ernte in einem Weinberg, heuerte man Tagelöhner an.

Ein Tagelöhner ist nicht fest angestellt, sondern muss seine Arbeitskraft täglich neu anbieten. Wird er nicht angestellt, hat er kein Einkommen. Tagelöhner können nur mit Mühe von dem Geld, das sie verdienen, ihre Grundbedürfnisse bezahlen. Oft sind sie ungelernte Arbeitskräfte und verdienen in der Regel einen Silbergroschen pro Arbeitstag. Dies liegt am unteren Existenzminimum. Häufig wurde die Notlage von Tagelöhnern ausgenutzt. Oft stehen sie auf Märkten, um dort angeworben werden zu können, manchmal den ganzen Tag in brütender Hitze. Auf einem solchen Markt beginnt unsere Geschichte.

I. Mt 20,1b–4 (Perspektive »Arbeiter der dritten Stunde«)

L: Ihr seid nun einer der Arbeiter, der in der dritten Stunde nun doch noch angeworben wurde. »Was recht ist«, hat euch der Mann versprochen. Jetzt bist du mit den anderen unterwegs zum Weinberg.

→ Arbeiter der dritten Stunde, was geht dir jetzt durch den Kopf?

II. Mt 20,5–9 (Perspektive »Arbeiter der 11. Stunde«)

L: Ihr seid jetzt einer der Arbeiter der 11. Stunde. Obwohl du erst ganz am Schluss Arbeit bekommen hast, bekommst du nun einen ganzen Silbergroschen als Lohn.

→ Arbeiter der 11. Stunde, was denkst du jetzt?

III. Mt 20,10–12 (Perspektive »Arbeiter der ersten Stunde«)

L: Ihr seid nun einer der Arbeiter der ersten Stunde. Du hast den ganzen Tag über in brütender Hitze gearbeitet und nun einen Silbergroschen bekommen – genau wie die Arbeiter, die erst kurz vor Schluss dazugekommen sind.

→ Arbeiter der ersten Stunde, was empfindest du in diesem Moment?

IV. Mt 20,13–14a (Perspektive »Weinbergbesitzer«)

L: Ihr seid nun der Weinbergbesitzer. Du hast den ganzen Tag über Arbeiter eingestellt und nun allen den gleichen Lohn ausgezahlt. Dennoch beschweren sich einige nun bei dir.

→ Weinbergbesitzer, wie geht es dir mit deiner Verteilung und wie fühlst du dich jetzt?

V. Mt 20,14b–15 (Perspektive »Verwalter«)

L: Ihr seid nun der Verwalter des Weinbergbesitzers. Du hast soeben den Lohn so ausgeteilt, wie man es dir aufgetragen hat.

→ Was denkst du darüber und was empfindest du jetzt?

Epilog:

Vielen Dank den verschiedenen Arbeitern, dem Weinbergbesitzer und dem Verwalter, dass ihr hier wart und uns erzählt habt, wie das damals für euch war.

Ihr seid nun nicht mehr die Arbeiter, der Weinbergbesitzer oder sein Verwalter, sondern wieder ihr selbst. Vielen Dank, dass ihr den Menschen aus der Bibel Eure Stimme geliehen habt. Atmet einmal tief durch und kommt in Ruhe wieder im Klassenraum an. Gemeinsam hören wir jetzt noch einmal die ganze Geschichte.

(Vollständiges Vorlesen von Mt 20,1b–15)

Fantasiereise

»Aufruhr in Jericho«

Setze dich bequem in deinen Stuhl. Du kannst deine Augen schließen, deine Arme durchhängen lassen und es dir gemütlich machen. Während du langsam zur Ruhe kommst, spürst du, dass dein Atem langsam gleichmäßiger wird.

Du konzentrierst dich nun auf deine Gedanken, die langsam den Klassenraum und deine bekannte Umgebung verlassen, um sich auf eine Reise zu begeben. Während deiner Reise spürst du keine Anstrengung, da du ganz friedlich und in Ruhe durch Raum und Zeit gleitest.

Die Reise führt dich in eine andere Welt, in der es warm ist. Du spürst angenehm die Sonne auf deiner Haut und schaust dich zufrieden um. Du siehst eine sandige Landschaft und eine Stadt, die südländisch aussieht. Du kannst viele Häuser sehen, die dich an biblische Geschichten erinnern. Du bist im Jericho der Zeit Jesu. Die Luft ist angenehm warm und die Sonne scheint weiterhin auf deine Haut. Während du dich umsiehst, fällt dir auf, dass in einiger Entfernung Menschenlärm zu hören ist.

Du bewegst dich durch kleine Gassen und vorbei an Menschen, die dich nicht zu bemerken scheinen. Du näherst dich langsam den vielen Stimmen, die immer lauter werden. Du bist interessiert, was wohl zu diesem Menschenauflauf geführt haben mag, und bewegst dich neugierig immer näher an die Menge heran. Die Menschen machen einen fröhlichen Eindruck – du möchtest nun endlich wissen, was hier eigentlich los ist.

M 3.10   **AB 1: Die Heilung des Bartimäus**

Die Heilung des Bartimäus (Mk 10,46–52)

46 Und sie kamen nach Jericho. Und als er aus Jericho wegging, er und seine Jünger und eine große Menge, da saß ein blinder Bettler am Wege, Bartimäus, der Sohn des Timäus. 47 Und als er hörte, dass es Jesus von Nazareth war, fing er an, zu schreien und zu sagen: Jesus, du Sohn Davids, erbarme dich meiner! 48 Und viele fuhren ihn an, er solle stillschweigen. Er aber schrie noch viel mehr: Du Sohn Davids, erbarme dich meiner!
49 Und Jesus blieb stehen und sprach: Ruft ihn her! Und sie riefen den Blinden und sprachen zu ihm: Sei getrost, steh auf! Er ruft dich! 50 Da warf er seinen Mantel von sich, sprang auf und kam zu Jesus. 51 Und Jesus antwortete und sprach zu ihm: Was willst du, dass ich für dich tun soll? Der Blinde sprach zu ihm: Rabbuni, dass ich sehend werde. 52 Jesus aber sprach zu ihm: Geh hin, dein Glaube hat dir geholfen. Und sogleich wurde er sehend und folgte ihm nach auf dem Wege.

Arbeitsaufträge:

1) Lest zunächst jeder für sich den Bibeltext. Verteilt dann in eurer Gruppe die folgenden Rollen:
   Bartimäus – Jesus – ein Jünger – Marta und ggf. Daniel (Menschen aus der Menge)

2) Lies dir dann noch einmal in Ruhe den Text durch und suche Informationen zu deiner Figur, deren Rolle du übernehmen wirst.

3) Schreibe für deine Rolle eine Rollenbiografie, in der du dich als diese Person vorstellst. Berücksichtige die Infos aus dem Bibeltext – aber bediene dich auch deiner Vorstellung von deiner Figur, ihrem Leben, ihren Wünschen und Zielen usw.

Die folgenden Fragen dienen als Anregung für dein Schreiben. Sie müssen nicht alle beantwortet werden und du darfst sie selbstverständlich ergänzen.

Person: Wie heißt du? Wie alt bist du?
Wohnung: Wo lebst du?
Familie: Mit wem lebst du zusammen? Was bedeutet dir deine Familie/ dein Partner? Welche Erfahrungen habt ihr miteinander gemacht? Hast du Kinder? Wie ist dein Verhältnis und dein Umgang mit ihnen?
Leben: Bist du zufrieden mit dir und deinem Leben? Hast du das Gefühl, deine bisherigen Ziele erreicht zu haben? Was würdest du heute anders machen?
Alltag: Wie sieht dein Alltag aus? Mit welchen Menschen hast du oft zu tun? Welche Aufgaben übernimmst du? Wie ist dein Verhältnis zur Religion?
Selbstbild: Wie siehst du dich selbst? Hast du Probleme, Ängste, Träume? Was magst du an dir, was nicht? Wie sehen dich andere? Wie kleidest du dich? Wie trittst du auf?
Zum Text: Was hältst du von dem Mann, der Jesus heißt?

AB 2: Gestaltung eines szenischen Spiels

Gestaltung eines szenischen Spiels

Arbeitsauftrag:

Gestaltet in euren Gruppen ein szenisches Spiel zu der Heilung des Bartimäus.

Tipps:

→ Versetzt euch dafür in eure Rollen hinein – und handelt aus eurer Rolle heraus!

→ Verständigt euch zuerst über die Umgebung und die Situation, in der eure Szene spielt! – Bestimmt einen eurer Gruppenteilnehmer, der sich dort besonders gut auskennt!

→ Improvisation ist ausdrücklich erwünscht! Ihr braucht euch daher nicht wortwörtlich an den Text zu halten!

→ Im szenischen Spiel geht es besonders um das Nachempfinden der Gedanken und Gefühle der Figuren – dafür ist wichtig, dass ihr schnell ins Spiel kommt.

M 3.11   **Mögliche Spielleiterfragen für die Rolleninterviews**

a) an Bartimäus

→ Du bist soeben geheilt worden – wie geht es dir jetzt?

→ Wie hast du den Moment der Heilung erlebt?

→ Woher wusstest du von Jesus? Warum hast du so laut gerufen?

→ Wie war das vorher für dich in der Gesellschaft?

→ Worauf freust du dich nun besonders?

→ Was ist deiner Meinung nach während der Heilung genau passiert?

b) an die Menschen aus der Menge

→ Was hast du da gerade erlebt?

→ Kanntest du den Blinden schon vorher? Wie hat er auf dich gewirkt?

→ Hat sich Bartimäus irgendwie verändert?

→ Warum habt ihr dem Blinden erst gesagt, er solle still sein?

→ Hat sich deine Einstellung geändert? Wenn ja, inwiefern?

→ Meinst du, dass du ein Wunder gesehen hast? Woran machst du das fest?

Die »Lutherstube« auf der Wartburg   M 3.12

Quelle: http://upload.wikimedia.org/wikipedia/de/6/6d/Wartburg_Lutherzimmer.jpg [zuletzt eingesehen am 14. 05. 2013]

M 3.13   **Textvorschläge für das Bibelstudium**

Lk 15,11–32 »Das Gleichnis vom verlorenen Sohn«	1 Kor 11,17–34 »Das Abendmahl«	Gen 3 »Der Sündenfall«
Mt 5,1–12 »Die Seligpreisungen der Bergpredigt«	Gen 1 »Die Schöpfung«	Mk 4,35–41 »Das Wunder der Sturmstillung«
Psalm 104 »Lob des Schöpfers«	Lk 2,41–52 »Der zwölfjährige Jesus im Tempel«	Off 21,1–22,5 »Gottes neue Welt«
Ex 19,3–20,17 »Der Bundesschluss am Sinai«	Jesaja 6 »Jesajas Berufung«	Mk 1,1–13 »Jesu Taufe«

Methoden für das Bibelstudium

Die Expertenbefragung	Die Sprachanalyse	Die Collage
Befrage einen Experten zu deiner Bibelstelle. Formuliere hierzu vorab einen Katalog von Fragen über den Text, kontaktiere eine(n) Fachmann/-frau und dokumentiere deine Ergebnisse.	Analysiere die sprachliche Gestaltung deiner Bibelstelle. Wähle dir ein Schwerpunktthema (z. B. Bildlichkeit, Aufbau, Sprachstil usw.) für deine Ergebnispräsentation.	Suche für eine Collage Material aus Zeitschriften oder dem Internet, das aus deiner Sicht zur Textgrundlage passt. Kommentiere dieses Material in Bezug auf die Textgrundlage, sodass deine Deutung der Bibelstelle deutlich wird.
Die Gattungsanalyse	**Die Interpretation**	**Die Aktualisierung**
Untersuche deinen Bibeltext im Hinblick auf dessen Textsorte. Hierzu ist eine besonders sorgfältige Analyse von Auffälligkeiten in der Textstruktur vonnöten – nähere Infos bekommst du bei der Lehrperson!	Fasse zunächst den Inhalt deines Bibeltextes zusammen und formuliere dann eine zusammenhängende Deutung. Arbeite dabei möglichst nahe an der Textgrundlage und begründe deine Thesen mit Beispielen.	Gestalte eine Aktualisierung deiner Textstelle, indem du den Bibeltext in Form einer Geschichte in das 21. Jahrhundert überträgst. Achte darauf, dass die Kernaussagen der Textgrundlage auch in deiner Neuauflage erhalten bleiben.
Das Standbild	**Die Vertonung**	**Die Fortsetzung**
Entwirf ein Standbild, das ein zentrales Moment deiner Bibelstelle »einfriert«. Begründe in einem Fließtext deine gestalterischen Entscheidungen.	Gestalte eine Vertonung zu deiner Bibelstelle. Du kannst selbst entscheiden, ob du dazu Instrumente, deine eigene Stimme oder Audiomaterial z. B. aus dem Internet verwenden möchtest.	Verfasse eine Fortsetzung deiner Bibelstelle. Was dein neuer Text aussagt, ist deine Sache – achte aber sorgfältig auf passende Bezüge zum Ausgangstext.
Die Bildgestaltung	**Die Parallelgeschichte**	**Die Internetrecherche**
Gestalte ein Bild zu deiner Textgrundlage. Vom Bleistift über Graffiti bis zu Wasserfarben ist alles erlaubt – das Bild sollte aber deine Deutung der Bibelstelle enthalten.	Verfasse eine Parallelgeschichte, indem du dich in die Stimmung und die Personen deiner Textgrundlage hineinversetzt und aus dieser Situation einen eigenen Text erfindest –nähere Infos bekommst du bei der Lehrperson!	Informiere dich im Internet sorgfältig über deine Bibelstelle und achte darauf, was im Netz an deinem Text Beachtung findet. Überlege dir auch eine Form der Präsentation für deine Entdeckungen.

D.4 Material zu C.4 Wege gehen

Unterrichtssequenz: Wege gehen

M 4.1

Material Stunde 1:

Pilgern: Beten mit den Füßen ...

Sie nehmen den Pilgerstab in die Hand, packen den Rucksack und brechen auf. Für eine Strecke, die ein Auto in einer halben Stunde zurücklegt, brauchen sie einen ganzen Tag. Pilger entdecken die Langsamkeit wieder und kehren verändert in den Alltag zurück. **Pilgern war immer der Beginn eines großen Abenteuers** mit ungewissem Ausgang, aber zumindest mit einem klaren Ziel: das Heil für die Seele zu finden. Im Christentum hat das Pilgern eine alte Tradition. *»Leute des Weges«* haben sich die Christen in den ersten Jahrhunderten genannt. Ein Leben lang waren sie unterwegs zu Gott auf der Suche nach dem Heil. Diese Welt sei ihnen kein Zuhause, weil ihre wahre Heimat im Himmel ist, so wurde es ihnen immer wieder gepredigt. Im Neuen Testament heißt es im Hebräerbrief: *»Wir haben hier keine bleibende Stadt, sondern die zukünftige suchen wir.«* Beim Pilgern konnte man dem Paradies schon hier im Elend der Welt ein Stück näher kommen.

Vom ersten, namentlich bekannten Pilgern hören wir aus dem 4. und 5. Jahrhundert. Es waren zwei hoch gebildete Frauen, Kaiserin Helena und Egeria Silvia, die unabhängig voneinander zu den Stätten im Heiligen Land zogen. Sie wollten mit ihren eigenen Augen sehen und mit ihren Füßen den Boden betreten, wo Jesus gelebt und gewirkt hatte, wo er litt und starb und wo er auferstand. Die frommen und zugleich spannenden Berichte dieser Pilgerinnen wirkten wie eine Werbebroschüre: Viele Menschen machten sich auf, um ihren Spuren zu folgen. Pilgern wurde zu einer Massenbewegung, zu einem frommen Tourismus auf festgelegten Straßen, die im Laufe der Jahrhunderte ein Wegenetz durch ganz Europa bildeten. Herbergen entstanden an diesem Weg, und Kirchen wurden gebaut. Die Pilger transportierten ihre Eindrücke, ihre Erkenntnisse und das Wissen aus fernen Ländern und Kulturen in ihre Heimat; **die Pilgerwege waren so etwas wie ein** *»Internet des Mittelalters«.*

Dennoch war und ist christliches Pilgern zuallererst religiös motiviert. Die geistige Kraft der heiligen Orte soll den Glauben stärken: *»Die Heiligen waren hier, und nun auch ich!«* – mag mancher Pilger gesagt haben, wenn er endlich am Ziel angelangt war. Der lange und mühsame (Fuß-)Weg dahin diente der Vorbereitung mit allem, was dazugehörte: Kälte und Entbehrung, Gefahren durch Tiere und Menschen, Blasen an den Füßen, Strauchdiebe und Beutelschneider, Einsamkeit und Verzweiflung, aber auch die Freude an der Schönheit der Natur und der Gemeinschaft mit Gleichgesinnten. **Pilgern war und ist keine Individualreise.** Pilger suchen zumindest für weite Strecken ihres Weges die Gruppe. Mit anderen zu pilgern heißt, bei drohenden Gefahren nicht allein, in Krankheit oder bei Unfällen versorgt zu sein und für andere bei falscher Anklage in der Fremde zum Zeugen werden zu können. Pilger tun sich zusammen, um auf dem Weg zu singen und zu beten, um sich durch Erzählungen die Zeit zu vertreiben und um gemeinsam zu essen und zu teilen, was jeder hat.

Zum Pilgern gehört auch die ganz menschliche Abenteuerlust. Es brannte vielen im Reiseschuh, und die Sehnsucht nach der Ferne wie die Hoffnung, dort das Glück des Lebens zu finden, ließen die frommen Globetrotter aufbrechen. Bis ans Ende der Welt wollten sie vordringen, und **auf ih-**

ren Wegen dorthin erlebten sie sich ganz anders als in der Routine des engen Alltagslebens. Die Pilger stießen auf ungeahnte Hindernisse wie hohe Berge oder breite, reißende Flüsse. Sie mussten weite Hochebenen unter sengender Sonne durchqueren und lernten ihre Grenzen kennen. Pilgern hat Menschen zu allen Zeiten fasziniert und verändert. Es verhilft vielen neu oder ganz anders zum Glauben an Gott; es erweitert Horizonte und fördert das Staunen und die Freunde an der Vielfalt der Menschen, Kulturen und Regionen, die einem auf dem Weg begegnen. Und Pilgern schafft eine tiefe Befriedigung, wenn das Ziel erreicht ist.

Alexander Röder, gekürzt aus: Andere Zeiten. Magazin zum Kirchenjahr, 2/2002

Quelle: http://www.trierpilger.de/pilgern.html vom 27. 08. 2011 vom 30. 08. 2011

Material Stunde 2:   **M 4.2**

Mosaik aus der Basilika Sant'Apollinare Nuovo in Ravenna (6. Jahrhundert)

Quelle: http://de.wikipedia.org/w/index.php?title=Datei:Magi_%281%29.jpg&filetimestamp=20090726221 415 vom 30. 08. 2011

Jakobus der Ältere als Pilger (1535)

*Quelle: Anna Moraht-Fromm und Hans Westhoff: Der Meister von Meßkirch – Forschungen zur südwest-
deutschen Malerei des 16. Jahrhunderts, Ulm, 1997, S. 164*

Alfred Rethel: Der Tod als Freund (1851)

Quelle: Walter Friedrich (Einleitung): Alfred Rethel 16 Zeichnungen und Entwürfe, Herausgegeben von der Freien Lehrervereinigung für Kunstpflege, Verlag von Jos. Scholz, Mainz 1907.

Material Stunde 3:

Pilgern, baden, streiten

Laut ist es in diesen Tagen am Ganges. Schrille Hindi-Musik wechselt sich ab mit den monotonen Lautsprecheransagen der Polizei, die rund um die Uhr Vermisstenmeldungen über die übersteuerten Lautsprecher durchgibt. Die Luft ist erfüllt vom Rauch Tausender Lagerfeuer, die den Pilgern und Asketen vor ihren Zelten etwas Wärme verschaffen. Denn nachts wird es kalt, um die sieben Grad Celsius sind normal. Viele Menschen liegen dann auf zwei Lagen Zeitungspapier und frieren erbärmlich.

Normalerweise hat die Stadt Haridwar im Norden Indiens noch nicht einmal 200 000 Einwohner. Doch jetzt sind Millionen Hindus gekommen, um eines der größten religiösen Feste der Welt zu feiern: die drei Monate andauernde Kumbh Mela, deren Höhepunkt das rituelle Bad im Ganges ist.

Die Pilger strömen seit dem 15. Januar aus allen Ecken Südasiens in die Stadt, die dort liegt, wo der heiligste Fluss Indiens aus dem Himalaja in die Ebenen Nordindiens hineinfließt. Der Ganges wird an zahlreichen Orten Indiens verehrt – doch das Mega-Fest in Haridwar wird nur alle zwölf Jahre gefeiert. Hinduistische Riten, Ahnenverehrung, exzentrische »Heilige«, Götteranbetung – die Kumbh Mela bietet ein buntes Treiben wie aus dem Indien-Bilderbuch.

Massenbad im Ganges

Einfache Bauern aus Rajasthan, Geschäftsmänner aus der Hauptstadt Delhi, Asketen aus eisigen Höhlen des Himalaja – alle wollen sie in diesen glücksverheißenden Tagen in die trüben kalten Fluten des Ganges steigen, um sich von ihren Sünden zu befreien.

Babu, ein zwölfjähriger Waisenjunge, der auf der Straße lebt, hofft durch das Fest auf spendefreudige Pilger: »Der Ganges wäscht ihre Sünden rein, danach geben mir die Pilger auch gern zwei Rupien mehr, und davon kann ich mir ein Chapati-Brot kaufen.«

Der Strom ist noch sauber am Oberlauf, hier haben noch nicht Tausende Tonnen Chemikalien und Exkremente seine Heiligkeit beschmutzt. Nur die kleinen Zuläufe aus den schmutzigen Kanälen der Pilgerstadt stinken schal und lassen das spätere Schicksal des Flusses in den nordindischen Ebenen erahnen.

Doch die Pilger achten nicht auf diese Dinge. Entscheidend ist für sie der Zeitpunkt des Festes. Die Kumbh Mela findet statt, wenn der Jupiter im Sternzeichen des Wassermanns steht. Noch drei weitere Orte sind nach ihrem eigenen Zyklus alle zwölf Jahre Ausrichter des Riesenfestes, als nächstes ist 2013 Allahabad dran, danach Nashik und Ujjain. [...]

Respekt vor nackten Asketen

Auch ein Besuch bei einem der Asketen soll Positives für die eigene Wiedergeburt bewirken. Da ist es egal, ob man den Rat des Weisen einholt oder einfach nur in seiner Nähe sitzt. Zum Beispiel bei den Juna Akharas, den nackten Asketen, die in einer Zeltstadt direkt in Haridwar neben dem Mayadevi-Tempel wohnen.

Abends am wärmenden Lagerfeuer zünden sie ihre Haschischpfeifen an – und wenn man ihnen zu nahe kommt, ihnen nicht genügend Respekt zollt, zücken die Juna Akharas ihren rasiermesserscharfen Dreizack, der ein Symbol des Gottes Shiva ist, und verjagen die Schaulustigen. Ihre Kräfte trainieren sie mit asketischen Übungen, zudem leben sie unter strengem Zölibat.

Einer der bekanntesten von ihnen ist Amar Bharti. Vor 27 Jahren legte er das Gelübde ab, seinen Arm bis zu seinem Lebensende gen Himmel zu strecken. Andere stehen wiederum ihr ganzes Leben auf einem Bein, zünden Kuhmist in kleinen Töpfen auf ihrem Kopf an oder üben sich in abenteuerlichen Yoga-Übungen. Einige Exzentriker winden ihren Penis um einen Stock, verbiegen ihren Körper so, dass jegliche anatomischen und physikalischen Gesetze außer Kraft zu sein scheinen.

Die Asketen sind etwas verrückt, manchmal anarchistisch und doch gut in die hinduistische Gesellschaftsordnung integriert. Unter der Bevölkerung genießen sie größten Respekt. »Don't mess up with them«, warnt Amit Bajaj, Inhaber eines Reiseunternehmens aus Haridwar. »Fordere sie nicht heraus.« Denn der Fluch eines wilden Asketen soll nicht nur in diesem, sondern auch im nächsten Leben Unglück bringen.

von Harald Keller (02. 02. 2010)

Quelle: http://www.spiegel.de/reise/aktuell/0,1518,675479,00.html vom 30. 08. 2011

Warum Mekka kein Manhattan werden soll

Die schwarze Kaaba im Hof der Moschee in Mekka, das zentrale Heiligtum des Islam. Die Pilger sollen sie einmal umrunden. Die beiden größten Probleme sind die Unterbringung und der Transport der Pilger. Mekka und Mina haben zusammen nur rund eine Million Einwohner. Zur Zeit des Hadsch steigt diese Zahl schlagartig um mehr als das Zweieinhalbfache. Die saudischen Behörden entwickeln deshalb immer neue Infrastruktur-Projekte, verbauen riesige Summen Geld. »Doch die Probleme bleiben die gleichen«, sagt der saudische Architekt Sami al Angawi. Er klagt seit Jahren, dass die historische Altstadt von Mekka langsam zerstört wird. Doch mit seinem Widerstand steht er ziemlich alleine da. »Wenn die Israelis in Jerusalem einen einzigen Stein bewegen, schreit die gesamte muslimische Welt auf, aber in Mekka wird gebaut und gebaut und keiner sagt was«, sagt al Angawi.

Die Geschichte werde einmal ein hartes Urteil über das fällen, was derzeit passiere, ist Angawi überzeugt: »Jeder, der nach Mekka kommt und die Gebäude sieht, die rund um das Haus Gottes in die Höhe wachsen, wird sagen: Da ist was falsch, aber ich weiß nicht was.« Für den Architekten ist es ganz offensichtlich: »Je höher die Gebäude um die Kaaba werden, desto kleiner wird die Kaaba selbst. In historischen Beschreibungen finden Sie die Größe der Kaaba als Hauptmerkmal, aber wer sie heute besucht, ist überwältigt von den Hochhäusern ringsum. Wenn die fertig sind, wird die Kaaba einer kleinen Schachtel gleichen.« […] Im Tal Mina an der großen Säule oben im Bild findet die symbolische Steinigung des Teufels statt. Der Architekt ist überzeugt, dass die bisherigen Bemühungen der Behörden die Probleme des Hadsch nicht lösen können, weil sie nur Teillösungen sind. Ein Beispiel sind die Veränderungen um Mina, der Station, an der die Gläubigen sieben Steine nach einer Säule werfen, die den Teufel symbolisiert. Der Weg dorthin führte über eine zweistöckige Brücke. Vergangenes Jahr wurden dort bei einer Massenpanik mehr als 350 Pilger zu Tode getreten. 2004 kamen an derselben Stelle rund 250 Menschen ums Leben. Seither bauen die Behörden die Brücke schrittweise um. Dieses Jahr werden 360 000 Pilger pro Stunde die Säulen passieren können – das sind über 100 000 mehr als letztes Jahr.

Doch Sami al Angawi befürchtet, dass diese Entwicklung hin zu noch mehr Kapazitäten für noch mehr Pilger die eigentlichen Inhalte des Hadsch verdrängt: »Falls wir mit all den Kosten und Anstrengungen die Probleme wirklich lösen werden, so bleibt ein mechanisierter Hadsch übrig, der nichts mehr zu tun hat mit der ursprünglichen Pilgerfahrt, wie sie der Prophet Mohammad oder der Prophet Abraham unternommen haben.« Al Angawi wünscht sich eine Rückkehr zu den Wurzeln: Pilger, die zu Fuß gehen, statt mit dem Auto zu fahren, die in Zelten wohnen, statt im Fünfsterne-Hotel, und deren einheitliche weiße Kleidung wirklich Gleichheit bedeutet.

Hadsch

Der Hadsch ist die islamische Pilgerfahrt nach Mekka, der Geburtsstadt Mohammeds. Der Hadsch gehört zu den fünf Säulen des Islam und findet jährlich statt. Jeder freie volljährige Muslim, der es sich leisten kann, ist verpflichtet, einmal im Leben nach Mekka zu pilgern. Der Hadsch beginnt in Mekka mit dem Anziehen eines Pilgergewandes.

Anschließend besuchen die Pilger das Tal Mina und den Berg Arafat 25 km östlich von Mekka. Später wird in Mina der Ritus der symbolischen Steinigung des Teufels vollzogen. Danach werden Opfertiere geschlachtet, gegessen und den Armen gespendet. Dieser Tag des Opferfestes ist der höchste islamische Feiertag und wird überall auf der Welt von Muslimen begangen.

Die Pilger kehren nach Mekka zurück, wo sie die Kaaba, ein schwarzes würfelartiges Gebäude, siebenmal umschreiten und siebenmal zwischen den Hügeln Safa und Marwa hin- und hergehen. Der Hadsch wird mit der Rückkehr in die Heimat abgeschlossen.

---

von Esther Saoub, ARD-Hörfunkstudio Kairo (17. 12. 2007)

Quelle: http://www.tagesschau.de/ausland/hadsch2.html vom 30. 08. 2011

Pilgermesse: Ich bin dann mal in Mainz

Wie zimmere ich meinen eigenen Pilgerhocker zusammen? Oder ebenfalls lebenswichtig für einen Pilger auf Wanderschaft: Wie stelle ich mir meine Pilgerseife, natürlich öko, her? Die Herausforderungen auf einer Pilgerreise sind unerwartet, manchmal hart, aber auch komisch. Das weiß jeder, spätestens seit Harpe Kerkelings Jakobsweg-Bestseller »Ich bin dann mal weg«. Mit seinen mehr als drei Millionen verkauften Exemplaren stieß der TV-Entertainer vor drei Jahren ins richtige Horn – den Trend zum Pilgern.

Reise ins Ungewisse

Die uralte Suche nach den Grundlagen des Menschseins und Orten der Kraft ist also wieder in – und zwar nicht mehr nur aus religiösen Gründen. »Zum Pilgern muss man nicht religiös sein«, sagt Anika Pries von »Christ und Reisen«, »wir sehen es unter dem spirituellen Aspekt«. Sie muss es wissen, denn angesichts der großen Nachfrage hob der Flugvermittler »Christ und Reisen« die Messe Pilgus 2009 aus der Taufe. Natürlich nicht ganz uneigennützig, denn der erst im vergangenen Jahr zusammen mit dem Mainzer Caritasverband gegründete Flugvermittler für Pilgerreisen will sich nicht nur einen Namen machen, sondern auch Geld verdienen. Deswegen öffnet die erste Messe rund ums Pilgern bis 26. April ihre Pforten in Mainz. Das Motto lautet »A pilgrim s first step«, Anika Pries erwartet mehr als 2000 Besucher.

Unterwegs durch Europa

Die Zeit ist laut Pries reif für eine eigene Messe zum großen Themenfeld Glaubensreisen. Auf der Internationalen Tourismusbörse in Berlin (ITB) werden Glaubensreisen zwar seit Jahren angeboten. »Aber immer nur stiefmütterlich behandelt«, meint sie. 25 Aussteller aus ganz Europa sollen dies nun ändern und die Messebesucher mit europäischen Pilgerwegen, Pilgerreisen, Pilgerrouten, -pfaden und Literatur füttern.

Wichtige Pilgerutensilien

Dazu gehören auch Vorträge, Erfahrungsberichte und Workshops wie der Schreiner-Crashkurs »Wie hoble ich mir einen eigenen Pilgerhocker?« Um die müden Wanderersfüße zu entspannen, nimmt der moderne Pilger auf seine Suche nach sich selbst und der Welt nämlich keinen billigen Klapphocker mit. Sondern etwas Selbstgemachtes. »Früher haben sich die Pilger so einen Hocker einfach auf den Rücken geschnallt«, erklärt Anika Pries diese Art der Nostalgie. »Denn wenn man nur ein Zelt dabei hat, dann ist man froh über einen Hocker«.

Froh zu sein bedarf es wenig

Froh sind die spirituellen Wanderer auch über ein Stück Seife nach einer schweißtreibenden Etappe. Welche sie sich aus natürlichen Rohstoffen wie Olivenöl, Lavendel, Sandelholz und Jasmin nach einem Workshop-Besuch auch selbst herstellen können. Gute Trekkingschuhe, ein reißfester Rucksack, eine Notfallapotheke, ausreichend Getränke – recht viel mehr braucht der Pilger nach Angaben von Anika Pries nicht. Schließlich soll er sich auf seinem Weg nach Lourdes, Altötting oder Santiago de Compostela von unnötigem Ballast befreien.

von Michaela Strassmair (23. 04. 2009)

Quelle: http://www.focus.de/reisen/urlaubstipps/pilgermesse-ich-bin-dann-mal-in-mainz_aid_392413.html vom 30. 08. 2011

M 4.4   **Pilgertag:**

Arbeitsblatt: Einstieg

> »Mein Pilgerweg lässt sich [...] wie eine Parabel meines Lebensweges deuten. Fast scheint
> es so, als würde der Camino mir gnädigerweise sogar einen vorsichtigen Blick in meine
> Zukunft gewähren.«
> (Hape Kerkeling, Ich bin dann mal weg. München 2009, S. 342).

Hape Kerkeling hat sich 2001 auf den Pilgerweg nach Santiago de Compostela begeben und sich
dabei mit seinem Leben und Fragen des Lebens auseinander gesetzt.
Kerkeling, der als Entertainer und Showmaster verschiedener Formate sehr prominent geworden ist, hat sich in dieser Zeit bewusst mit sich selbst und seinem Leben auseinander gesetzt und
dabei gemerkt, dass das Unterwegs sein als Pilger ganz anders ist als das touristische Besichtigen
einer Stadt.
Als Pilger geht man nicht nur von A nach B, sondern auch von außen nach innen, d. h. der Weg
hat unmittelbar mit dem Selbst und damit dem Leben des Pilgernden zu tun.

Mit wem und mit was wirst du dich heute auf den Pilgerweg begeben?

Entscheide dich in einem Gruppengespräch für einen Gefährten / eine Gefährtin und packe begründet deinen Rucksack ein/aus/um.

Vorschlag für eine Klausur

Mein Wunder von Lourdes

»Was willst du denn dort?«, werde ich immer gefragt, wenn ich erzähle, dass ich in den katholischen Wallfahrtsort Lourdes fahre. Meinen Heiligenschein aufpolieren, gebe ich zurück. Manchen genügt das als Antwort. Dann lacht man kurz, der andere erzählt vielleicht, dass er zwar an Gott oder so glaube, aber nicht an die Kirche. Ich lächle nur. Die mich besser kennen, fragen verwundert: Bist du denn katholisch? In Norddeutschland sind katholische Familien selten. Nein, ich bin Protestantin. Es geht mir um etwas anderes. Um was denn? Die Wahrhaftigkeit Gottes in meinem Leben zu spüren.

Wenn ich das sage, werden die Augen des Gegenübers oft leer, fixieren mich nur noch schwach. Eine gläubige Christin, eine Pilgerin – sich dazu zu bekennen kommt einem Outing gleich. Wenn ich mich umdrehe, tippen sich die Leute wahrscheinlich mit dem Finger an die Stirn. Deshalb sage ich rasch, dass ich mich auf diesen Pilgerfahrten der Malteser eine Woche lang um ein behindertes Kind kümmere. Den karitativen Antrieb muss doch jeder nachvollziehen können, der in seinem Leben schon einmal gegen die ungerechte Verteilung von Glück und Leid gewettert hat. Oder jeder, der, von Selbstzweifeln geplagt, einen Durst nach Sinn verspürt und hofft, ihn durch frisch geschaffenes Glück am Nächsten stillen zu können.

Das war bei mir der Auslöser, nach Lourdes zu fahren. Diese Reise anzutreten war das einzig Sinnvolle, was mir zu tun einfiel. Meine Cousine hatte mir vom »Kinderzug« erzählt.

Wenn ich nach Lourdes fahre, brauche ich keine große Tasche. Ich packe meinen Koffer für eine Woche und nehme mit: sieben hautfarbene Strumpfhosen, siebenmal Unterwäsche, Kulturbeutel, weiße Klammern für das Schwesternhäubchen, einen Schlafsack für die Zugfahrt, zwei Handtücher. Den Rest leihe ich mir von den Maltesern: sechs Schwesternkleider, sechs Schürzen, das Häubchen und den großen schwarzen Umhang mit zwei aufgenähten Malteserkreuzen. Mit den geliehenen Kleidern und Schürzen werde ich in Lourdes nicht als erfahrene Pilgerin auffallen. […]

Nach 22 Stunden im Zug erreichen wir Lourdes und beziehen Station im Krankenhaus. Das Spital liegt im Heiligen Bezirk. Lourdes, kurz vor der spanischen Grenze, wurde ein Wallfahrtsort, weil dort 1858 das Bauernmädchen Bernadette eine Marienerscheinung hatte. Siebzehn Mal ist die »schöne Frau« dem Mädchen in einer Grotte begegnet. Sie offenbarte ihm eine Quelle und sagte ihm bei der letzten Begegnung, dass sie die unbefleckte Empfängnis verkörpere. Das war kirchenpolitisch gut zu verwerten, denn erst vier Jahre zuvor hatte Papst Pius IX. das Dogma von der Immaculata Conceptio verkündet.

Doch die Wirkung der Erscheinung reicht viel weiter, als mit weltlichem Maßstab zu erfassen ist. Man sagt, es geschähen Wunder in Lourdes. Dass Lahme gehen könnten und Blinde sähen. 67 Wunder hat die Kirche anerkannt, 7000 geschahen auch ohne Anerkennung der Kommission aus kirchlichen und weltlichen Ärzten. Man spricht dann von Spontanheilungen. Das Wasser der Grotte wird jedes Jahr von etwa sechs Millionen Pilgern in ihre Wohnorte auf der ganzen Welt getragen. Lourdes hat sich auf diesen Zustrom eingestellt. Hotels reihen sich aneinander, genauso wie unzählige Souvenirstände. Im Heiligen Bezirk bauten sie erst eine Kirche, dann eine zweite auf der ersten. Als das nicht mehr ausreichte, wurde eine unterirdische gebaut, die 30 000 Menschen fasst. Wenn man es ruhig betrachtet, hat sich all der Trubel aus der Halluzination eines Kindes entwickelt. Eines Mädchens, dem man heute wohl eher eine Therapie empfehlen würde.

[…] Jeder Tag in Lourdes ähnelt dem anderen. Es beginnt früh um fünf oder halb sechs. Bevor man sein Kind weckt, versammeln sich alle zu einer Morgenmesse. Danach kommen das Waschen, Frühstücken, Spielen mit den Kindern. Es gibt eine Kindermesse, dann Mittagessen, dann geht es hinaus auf die Wiese. Und das Pilgerprogramm? Wir besuchen die Grotte oder nehmen an den Prozessionen teil, die als feierliche Umzüge durch den Heiligen Bezirk gehen. An einem Tag bringt man sein Kind zu den Bädern, wo es durch ein kleines Becken gehen soll oder ins Wasser getaucht wird und dann eine Statue der Maria küsst.

[...] Die Woche Lourdes ist das Anstrengendste, was ich im Jahr mache. [...] Nach dieser Woche brauche ich drei Tage Schlaf und glaube nicht, dass ich mir das noch mal antun werde. Doch jedes Mal wird mir etwas geschenkt. [...] Mal sehen, was im nächsten Jahr wird.

Quelle: Sophie v. Maltzahn, Mein Wunder von Lourdes, in: DIE ZEIT vom 21.10.2010, leicht gekürzt

Zeitrahmen: 90 Minuten.

Aufgaben:

1. Fasse die Kernaussagen des Textes zusammen und arbeite die Position der Autorin heraus.
2. Konkretisiere die Aussage der Autorin aus Zeile 21: »Wenn ich nach Lourdes fahre, brauche ich keine große Tasche.« Und setze sie in Zusammenhang mit der Differenzierung zwischen einer touristischen Städtereise und einer Pilgerreise.
3. Erörtere das Fazit der Autorin aus Zeile 57 ff.: »Die Woche Lourdes ist das Anstrengendste, was ich im Jahr mache. [...] Doch jedes Mal wird mir etwas geschenkt.« und entwerfe Perspektiven für eine Pilgerreise als Form religiöser Praxis.

Erwartungshorizont:

1. Die Schülerinnen und Schüler können die Grundaussagen des Textes wiedergeben: Die Autorin begibt sich aus religiösen Gründen auf eine Pilgerreise, bei der sie behinderte Kinder nach Lourdes begleitet. Sie beschäftigt sich dort mit den Kindern als Mitarbeiterin der Malteser. In Lourdes spürt sie den starken Glauben der Menschen an den »heiligen Ort« – sie selbst ist davon nicht letztgültig überzeugt. Trotzdem die Arbeit vor Ort sehr anstrengend für sie ist, bekommt sie für ihre Strapazen viel zurück.
2. Bei einer Städtereise braucht man weit mehr Gepäck als für eine Pilgerreise. Es ist wichtig, genügend frische (und hübsche) Kleidung dabei zu haben. Außerdem werden Kosmetika, ein Fotoapparat u.v.m benötigt, was bei einer Pilgerreise keinen Platz hätte. Eine touristische Städtereise führt von A nach B, eine Pilgerreise von außen nach innen, von oben nach unten.
3. Die Autorin bringt sich auf der Pilgerreise mit ihrem ganzen Selbst in die Arbeit mit den behinderten Kindern ein. Dies erfährt sie als die anstrengendste Zeit im Jahr. Gleichzeitig bekommt sie aber so viel an Erfahrungen – auch spiritueller Art – zurück, dass Aufwand und Ertrag in einem sinnvollen Verhältnis stehen. Eine Pilgerreise als Form religiöser Praxis ist aufwändig zu planen und durchzuführen, dennoch sind die Erfahrungen, die dort gemacht werden, so wertvoll, dass es sich unbedingt lohnt, sich auf den Weg zu machen.

E Autorinnen und Autoren

Florian Dinger ist Lehrer für Evangelische Religion und Deutsch an Gymnasien. Er ist wissenschaftlicher Mitarbeiter am Lehrstuhl für Praktische Theologie / Religionspädagogik an der Universität Göttingen.

Tim Hofmann ist Lehrer für Evangelische Religion und Deutsch an Gymnasien. Er unterrichtet Ev. Theologie am Oberstufenkolleg in Bielefeld.

Dr. Bärbel Husmann ist Lehrerin für Evangelische Religion und Chemie sowie stellvertretende Schulleiterin am Gymnasium Meckelfeld in Seevetal. Sie ist Herausgeberin des Schulbuchs »Moment mal!« und der Zeitschrift »Religion 5–10«.

Stefan Klockgether ist Lehrer für Deutsch, Evangelische Religion und Musik an Gymnasien und unterrichtet an der Robert-Koch-Schule in Clausthal-Zellerfeld.

Daniel Ruf ist Lehrer für Evangelische Religion und Deutsch und unterrichtet an der Integrierten Gesamtschule Bovenden bei Göttingen.

Dr. Peter Zimmerling ist Professor für Praktische Theologie an der Universität Leipzig. Seine Forschungsschwerpunkte sind Seelsorge und evangelische Spiritualität.